아신 스타일,
골목상권을 사로잡다

슈퍼마켓 운영자와 소비자가 함께 알아야 할 유통시스템의 모든 것
김홍규 회장 유통혁신 스토리

아신 스타일, 골목상권을 사로잡다

김홍규 지음

책知

차례

소비자가 함께 알아야 할 유통물류 이야기

우리 회사는 소비자와 직접 대면하는 제조업체가 아니다. 두부 만드는 회사도 아니면서 두부를 편의점에 갖다 주고, 우유 대리점도 아니면서 동네 나들가게에 우유를 갖다 준다. 심지어 마트에도 상품을 공급한다. 소비자와 직접 대면하지는 않지만, 제조사와 소비자를 연결해 주는 혈관 역할을 한다. 오늘도 당신의 저녁 식탁에는 아신이 공급한 제품 한 가지는 올라가 있을지 모르겠다.

유통물류업에 30년을 종사하면서 요즘 들어 제일 안타까운 일은 물가가 자꾸 오르는 것이다. 하루가 다르게 유제품이나 밀가루 제품 등이 계속해서 가격이 오른다. 제조업체들이 원료비 상승을 이유로 가격을 상승시키고 있지만, 최종 소비자에서 원료비가 차지하는 비중은 그리 크지 않다. 소고기를 예로 들면 1마리에 5~6백만 원에 출하되어 부위별로 잘라 팔면 1마리당 5천만 원 이상을 받을 수 있다. 출하가에서 소비자가는 10배의 가격 차이를 보인다. 수입 아이스크림은 IMF 때 환율 상승을 이유로 한 번 크게 오른 뒤에 오르기만 하지 내리지 않는다. IMF 때 원·달러 환율이 2,000원대였고 10년도 더 지난 지금은 1,100원도 못 미치는데 아이스크림 가격은 거의 2배 이상 올랐다. 원자재가 상승으로만 이해될 문제는 아니다.

마트에서 작은 장바구니에 물건을 담으면 10만 원, 카트기를 밀고 다니면 20만 원이라는 소리를 한다. 재미있는 것은 이 가격을 좌우하는 정점에 유통이 있고, 소비자가가 오를 때마다 공격대상이 된다는 것이다.

제품에도 원가가 있듯이 유통에도 원가가 있다. 배송에 필요한 차량 유지비, 인건비, 보험료, 유류대 등을 포함한 유통원가는 어떤 유통물류이든 다 해당하는 사항이고, 소비자가에 영향을 미치는 것은 아니지 싶다. 문제는 유통경로에서 오는 다중구조이다. 제조사에서 소비자로 넘어가기까지 여러 단계를 거칠수록 소비자가는 올라가게 마련이다.

생활 속에서 가장 쉽게 이해할 수 있는 것이 대형 마트와 일반 슈퍼마켓의 차이이다. 편의점과 일반 슈퍼마켓은 비싸고 대형 마트는 싸다고 인식한다. 대형 마트는 대량 묶음 판매이고 편의점과 일반 슈퍼마켓은 소량 낱개 판매이다.

1달 동안 대형마트에서 쓰는 비용과 편의점과 일반 슈퍼마켓에서 쓰는 비용을 비교해 보면 편의점과 일반 슈퍼마켓이 비싼 것을 느낀다. 상품을 공급받는 구조가 다르기 때문에 가격 차이가 날 수밖에 없다.

사람들은 단지 가격 때문에 동네 나들가게나 편의점에 가지 않고 대형 마트를 고집하는 걸까? TV에서 가끔 현명한 소비생활을 하라고 가정집 냉장고를 뒤집는 걸 보여준다. 그 가운데 반 이상은 먹기나 하나 싶을 정도로 많은 식재료들이 들어가 있다. 1년 전에 얼려둔 고기까지 심심찮게 튀어나온다. 일단 냉장고 크기가 예전과 비교하면 엄청나게 커졌다. 기본이 양문형이고, 작더라도 김치냉장고는 하나씩 장만해 둔다. 그리고 대형 마트에 가면 일단 냉장고에 들어갈 데가 있으니 여유 있게 날짜를 보면서 신선식품을 바구니에 담는다.

이런 생각을 한다. 만약에 예전처럼 냉장고 크기가 작다면 마트가 그렇게 크게 성장할 수 있었을까? 냉장고 크기가 작다면 차 타고 멀리 가는 대형 마트보다 집 앞 점포에서 그날그날 먹을 수 있을 만큼만 사지 않을까? 아, 이런 말도 들었다. "우리 집 앞 슈퍼에는 내가 원하는 우유가 없어요." 모든 물건이 골고루 잘 갖춰진 대형 마트에서 내가 원하는 우유와 두부, 휴지 등을 골라 사고 싶은 마음에 대형 마트에 간다는 것이다.

여기에 우리가 알아야 할 유통의 비밀이 있다. 대형 마트의 본분은 물건을 진열하고 파는 것이지 유통이 아니다. 그럼에도 너무 많은 사람들이 마트에서 물건을 사다보니 대형 마트는 판매 행위의 본분보다 마진을 쉽게 남길 수 있는 유통까지 잠식하게 되었다. 바로 살 수 있고, 그날그날 소비할 수 있는 유통구조가 활성화된 게 아니라, 많이 사서 들여놓는 소비문화가 더 활성화되면서 대형 마트는 소위 말하는 유통업계의 수퍼갑이 되어버렸다.

대형 마트는 대량의 물건을 제조사로부터 구매하여 소비자에게 공급하는 것까지가 그 몫이다. 그런데 제품의 일부를 유통 회사보다 더 싸게 자사가 아닌 동네 슈퍼마켓에 공급하는 일까지 하고 있으니 결국은 유통상의 이점을 이용해 소비자가를 조정할 수 있는 위치까지 올라선 것이다. 먼 훗날 그로 인해 발생하는 갖가지 비용을 소비자가에 포함시킨다 하더라도 이미 유통공룡이 되어버린 수퍼갑의 위력을 막기에는 역부족이 될 게 뻔하다.

유통구조의 차이를 부른 게 제조회사일까? 두부 값을 좌우하는 게 냉장고일까? 냉장고와 마트, 최종 소비자는 유통이 정리가 되지 않으면 영원히 소비자를 우롱할 수밖에 없는 상관구조를 갖고 있다.

사람들은 편리함만 취하면 되고 그 대가를 지불하면 그만이다. 우리 같은 유통물류 기업을 알 필요도 없고 알려고도 하지 않는다. 비싼 값을 지불하면서 얇아지는 지갑만 탓한다. 이것이 과연 유통전문 회사와 제조사만이 풀어야 하는 문제일까? 재고를 만들지 않는 시스템이 제조사와 유통사, 소비자 모두에게 정착되어야만 해결될 수 있는 문제이다. 앞으로 자원전쟁이 시작되면 어떤 일이 벌어질지는 아무도 모른다. 현명한 소비가 필요한 이유가 여기에 있다고 생각한다.

이 책은 대한민국 유통물류 30년사와 함께 성장하고 궤를 같이 한 유통물류 전문기업 아신과 아신의 대표 나, 김홍규의 30년을 정리한 이야기지만 유통물류가 우리 생활을 어떻게 지배하는지에 대한 이야기가 되기도 할 것이다. 물건만 싸게 사면 된다고 사람들이 왜 유통물류 전문기업 아신을 알아야 하는지 그 까닭에 대한 대답이기도 할 것이다. 알고 보면 더 재미있는, 생활에서 가장 밀접한 유통 이야기를 통해 더 현명한 소비에 다가가는 기회가 되었으면 좋겠다.

끝으로 늘 함께해준 나의 가족과 아신 임직원들께 감사를 표한다.

2014년 5월

김홍규

1부

유통물류의 역사를 이끈
ASEEN의 탄생

▣ 보려고 하면 보인다

어느 날 급한 전화 한 통을 받았다.

"사장님, 추풍령 고개에서 아신 차가 전복되었습니다."

다니던 회사가 부도가 나고 어렵사리 사업을 시작한 지 6개월도 되지 않았을 때였다. 낡은 트럭 5대로 운송업을 시작했는데, 배송만 해주면 되는 간단한 사업이어서 조만간 먹고사는 문제는 걱정 안 해도 된다고 생각할 때였다. 그런데, 사고라니.

추풍령 고개로 달려갈 때 라디오에서 연신 들리던 우리 회사차 사고 뉴스, 도착해서 보니 도로를 온통 뒤덮은 하얀 우유들. 그날의 영상은 마치 내가 다친 교통사고의 한 장면처럼 아직까지도 생생하게 떠오른다.

직장생활에서 배운 게 식품 유통이라고 운송업에 뛰어든 게 잘못이었을까? 나이 마흔이 뭐 그리 많은 나이라고 그냥 다른 회사에 들어갈 걸 괜히 사업을 시작했나? 온갖 생각이 순식간에 스쳐가면서 울며불며 사고수습을 하던 때가 엊그제 같은데 그때가 벌써 30년 전이다.

아신은 그렇게 운송업으로 시작해서 우유 11톤을 길가에 엎지르고 그 길로 대한민국 유통 역사에서 사라질 뻔했다. 인생 좌회전 우회전 많기도 하지만 그때 잘못 판단했으면 어쩌면 낡은 트럭 5대를 아직도 고치면서, 추풍령 고개를 위험하게 달리고 있을지 모른다.

그 일을 계기로 해서 겁 없이 시작했던 운송업에 대해 달리 생각하게 되었다. 1990년 우리나라에서는 노태우 대통령이 공약으로 내건 '주택 200만호 건설' 덕분에 주택건설 붐이 일고 있었다. 도로에는 자재를 실은 트럭이 기하급수적으로 늘어났고, 트럭이 늘어나니 운전기사도 품귀현상이 일었다. 도로마다 넘쳐나는 트럭과 기사 수요는 우리 회사 같은 운송업 초짜들한테는 큰 위협요소가 되었고, 사고를 당하고서야 그 사실을 깨달았다.

베테랑 운전기사를 구하기 어렵고, 낡은 트럭이 사고를 자주 일으킨다면 그 뒤치다꺼리로 회사 수익을 다 부어야 할 판이었다. 이번에는 겨우 수습을 했지만 교통사고라는 것은 아무리 조심해도 또 일어나지 않는다는 보장이 없었다.

당시 아신의 매출은 한 달 평균 천만 원 정도였는데, 총 7명인 직원들의 월급을 주고 기타 제 경비들을 제하고 나면 내가 집으로 가져갈 수 있는 게 거의 없었다. 더군다나 지금처럼 자동차 보험 시스템이 제대로 구축되어 있지도 않았기에 사고에 대한 불안함은 늘 있었다.

사업 시작은 했으니 그 기반 아래 다른 판로를 찾아야 할 때가 생각보다 일찍 온 셈이었다. 살고 있던 아파트를 담보로 대출을 받아서 시작한 사업, 이렇게 가다가 자칫 파산이라도 한다면 식구들과 길에 나앉아야 할 지경이었다. 정신 바짝 차리고 식구들 다 굶겨 죽이기 전에 새로운 일을 도모해야만 했다.

직장 생활을 하면서 터득한 건데 일이 막히거나 새로운 돌파구를 찾아야 할 때 가장 좋은 방법은 나보다 앞서 그 길을 가본 선배에게 물어보는 것이다. 먼저 경험한 사람이 하는 말은 열 개중에 한 개는 건질 게 있는 법. 그 선배가 꼭 사람이라는 법이 있나. 내가 찾은 선배는 바로 선진국이었다.

우선 우리보다 앞서 산업을 일으켜 발전시키고 있는 나라를 들여다보면 다른 길이 보일 것 같았다. 대표적인 나라가 미국과 일본인데, 산업 환경과 소비자의 패턴이 우리나라와 닮아 있는 일본을 먼저 조사해보자는 생각이 들었다. 마침 일본 사정에 밝은 지인이 있어 급하게 도움을 청했다.

"제가 새로운 사업을 하고 싶은데, 일본에서 좋은 아이디어를 구해보면 어떨까 싶습니다."

"그럼 현재 하고 계신 운송업은 접는다는 뜻입니까?"

"꼭 그런 건 아닙니다. 우리 회사에 대한 거래처의 신뢰도 점점 쌓이고 있어요. 근데 이 일이 언제 사고가 날지 몰라 불안하고, 단순 운송만 해서는 몸집만 불리지 무슨 비전이 있는 것도 아니다 보니 뭔가 독자적인 영역이 있고 널리 필요한 사업을 하고 싶다는 생각이 드네요."

"무슨 말씀인지 알겠습니다. 혹시 생각해둔 거라도 있으신가요?"

"일본에서 20년 전에 사업이 시작되어 현재까지도 잘 유지되고 있는 사업들이 어떤 게 있는지, 앞으로도 발전 가능성이 많은 사업이나 업종은 어떤 것들인지 알고 싶습니다."

얼마 후 우리는 일본으로 갔다. 도쿄에서 본 일본의 산업은 놀라웠다. 20년 이상 잘되고 있다는 업종들을 둘러봤는데 특히 프랜차이즈 산업이 활황이었다. 커피, 김밥, 도시락, 패스트푸드 같은 요식업은 물

• 일본의 냉장·냉동 시설 방문

론이고 제과점과 세탁소나 사진 현상소까지 그야말로 프랜차이즈 천국이 따로 없었다.

만약 프랜차이즈 사업을 한다면 어떤 업종을 해야 할까? 현재 운송업을 하면서 식품을 다뤄 봤고, 사업을 하기 전에 다녔던 직장도 식품 관련 회사였으니 식품제조업과 관련된 사업은 어떨까 하는 생각이 들었다. 관련 전문업체들을 여러 곳 둘러봤다. 빵을 만드는 곳, 음료를 제조하는 곳, 도시락을 만드는 공장과 매장 등을 꼼꼼하게 견학했다. 본사를 일일이 방문해 사업성에 대해 묻고 또 물었다.

대부분 사업성이 있어 보였고 우리나라도 머지않아 프랜차이즈 산업 분야가 활성화될 것은 분명해 보였다. 그럼에도 프랜차이즈는 내가 꼭 해야 할 사업이라는 확신이 들지 않았다.

혹시 보고 싶어 하는 것만 보고 있는 건 아닌지 스스로에게 묻고 또 물었다. 확신이 가는 아이템을 발견할 때까지 찾아보자고 마음먹고 갔기에 여유 있게 도쿄와 오사카 시내 여기저기를 돌아다녔다.

어느 순간 내 눈에는 어디를 가도 편의점이라는 점포들이 눈에 띄었다. '세븐일레븐', '훼미리마트', '미니스톱'이라는 이름의 점포들이었는데 들어가 보니 헤아릴 수도 없이 많은 상품들이 깔끔하게 진열이 되어 있었다. 손님들도 끊이지 않고 드나들고 있었다.

신선한 상품들이 깔끔하게 진열되어 있어 쉽게 선택하고 빠르게 구매를 결정하는 편의점이 인상적이었다. 편의점은 미국에서 시작되었지만 당시 일본에서 선풍적인 인기를 얻고 있었다. 우리나라도 막 걸음을 떼기 시작하는 단계였다.

그런데 잠시 지켜보고 있는 가운데 문득 이상한 점을 발견했다. 비슷한 상품을 파는 우리나라의 점포 같으면 제조업체나 각 제품의 대리점에서 배달 오는 차량들이 쉴 새 없이 드나들 텐데, 수많은 종류의 물건을 판매하는 편의점들은 전혀 그렇지 않았다. 내 눈에는 '깔끔하게 잘 정리된 수많은 상품'보다는 '상품진열을 위해 들르는 배송차량'이 먼저 들어왔다. 아마도 운송업을 하고 있어서 그 차이를 다른 사람보다 내가 더 쉽게 인식했는지 모른다.

"어떻게 된 게 물건을 납품하는 모습들이 통 보이질 않네요. 우리 같으면 재고 박스들이 통로 구석구석에 쌓여 있는데 여긴 하나도 안 보이고 깨끗하더라고요. 어떻게 이런 게 가능한 거죠?"

우리나라는 현재까지도 상당 부분 잔재가 남아있지만, 80년대 초만 해도 장사가 좀 되는 동네 슈퍼에 물건을 납품하는 대리점 차량이 끊임없이 드나들었다. 그럼에도 불구하고 손님들이 찾는 인기 상품들을 골고루 제대로 갖춘 점포가 많지 않았고, 간혹 있다 하더라도 진열이 제대로 되어 있지 않아 제품을 찾기 힘들었다.

조미료 같은 제품을 보면 당시 미원과 미풍이 치열하게 다투던 시절이었는데 서로 좋은 자리를 차지하려고 자리다툼하기에 바빴다. 점포주는 소비자들이 많이 찾는 인기제품을 받기 위해 대리점에서 끼워 파는 비인기 제품도 받아야 했다. 사정이 그렇다보니 점포는 늘 먼지 쌓인 재고상품으로 복잡하고 지저분해지기 일쑤였다.

그런데 일본의 편의점이라는 곳은 그렇지 않았다. 인기 상품 위주로 깔끔하고 일목요연하게 정돈되어 있었다. 그것을 가능하게 한 시스템이 무척 궁금했다.

"네에, 제가 알기로 일본 편의점에 물건만 배송하는 전문 업체가 있더라고요. 유통물류업체라고."

"유통물류요?"

유통물류. 약 보름간의 일본 비즈니스 투어는 나에게 '유통물류'라는 새로운 화두를 던져준 것이다.

유통물류는 소비 허브

제조회사는 제품을 만든다. 그리고 제품을 창고에 갖다 놓는다. 그 런 후 소비자한테 전달되기까지는 제품마다 조금씩 다른 유통과정을 거친다. 아신은 제조사가 만든 제품을 물류창고에 받은 다음 그 물건 들을 대형마트, 중소형마트, 편의점 같은 점포에서 필요한 품목을 필 요한 수량만큼, 원하는 시간에 공급하는 기업이 되었다. 소비자가 물 건을 구입하는 점포가 바로 아신의 거래처이다. 이렇게 아신과 같은 일을 하는 회사의 업종을 유통물류업이라 부른다. 빨간 로고가 새겨진

• 출고 대기중인 아신의 콜드체인 시스템 차량　　• 미국 산업현장 견학

ASEEN의 차량이 24년 전부터 수도권 곳곳을 누비고 있지만 일반인들이 잘 모르는 까닭이 여기에 있다.

유통물류란 제조사의 생산품을 소비자가 쓸 수 있게 전달하는 사업이므로 정확하고 안전하고 빠르게 공급하는 일이 주가 된다. 그러다 보니 소비자만족도나 소비자물가에 영향을 미치는 기업이 되기도 한다. 유통물류에서 얼마만큼의 비용을 발생시키느냐는 업체가 생산원가와 함께 가격을 결정하는 중요한 요인이 되고 있다. 인터넷 쇼핑몰에서 500원짜리 핫팩을 주문하면 그것은 500원이 아니라 3,000원이다. 2,500원의 택배비가 붙으니까. 동네 슈퍼에서 핫팩을 사면? 마찬가지로 2,800원에서 3,000원 정도를 지불하게 된다. 운송료가 포함된 가격, 즉 유통물류 마진이 포함된 가격으로 볼 때 소비자는 500원짜리 핫팩을 살 수 없다는 결론에 이른다.

왜 이런 현상이 발생할까? 제조사에서 소비자로 바로 가는 유통물류는 500원의 핫팩이 가능할지도 모른다. 소비자가 공장에 가서 단 한 개를 직구매하기 어려우니 생긴 것이 소매상이나 도매상이라는 중간상인들이다.

유통물류는 크게 3가지로 나눌 수 있다. 제조사가 직접 공급하는 1자물류, 제조사가 분사 물류회사를 차려 내보내는 2자물류, 이 가운데 일부를 전문 유통물류회사에 공급만 맡기는 3자물류. 이 물류들은 공통점이 있다. 바로 물건을 구입하는 단계가 없다는 점이다. 1, 2, 3자물류 모두 공급만 책임지는 업체들이다.

여기에 한 가지 덧붙이자면 도매물류가 있다. 도매물류는 2자물류나 3자물류와는 다르게 물류사가 구매자가 되어 제품을 제조사로부터 구입하여 물류창고에 구비한 다음 각 점포에 팔면서 물류까지 책임지는 시스템이다. 현재 아신은 3자물류와 도매물류 사업을 병행하고 있다.

애초에 제조사가 있고, 제품이 있고, 최후에 소비자가 있다. 제조사에서 소비자로 이어지는 단계가 짧으면 짧을수록 소비자에게 유리한 최종 소비자가가 책정된다. 그러나 이 단계가 길면 길수록 소비자는 더 큰 비용을 지불해야 한다.

소비자가 제품을 쓸 수 있게, 대한민국 구석구석에 제품이 도착할 수 있게 하는 일이 유통물류이다. 그런데 이 유통물류가 골목마다 있는 나들가게나 편의점까지 물건을 비치하게 하려면 매우 복잡한 유통경로가 발생하기 마련이다.

각기 다른 제품이 각기 다른 배송을 거쳐 각기 다른 소매점포에 도착한다. A사가 만든 제품은 1, 2, 3점포에, B사가 만든 제품도 1, 2, 3점포에, C사가 만든 제품도 1, 2, 3점포에 도착한다. 소비자는 점포에서 같은 물건을 구매하여도 유통물류에 따라서는 가격이 다를 수 있다. 각기 다른 제조물품이 각기 다른 거래처에 각기 다른 물류를 통해 유통되기 때문이다. 아신은 중간 유통 단계에서 필요한 곳에 공급을 책임지는 회사라고 보면 되겠다. 이를테면 허브 같은 역할이다. 아신처럼 중간에 물건을 다 묶어서 배송해주는 업체가 있으면 각기 다른 유통원가를 적용해 가격이 올라가던 것을 조금이나마 내릴 수 있다.

유통물류는 공장과 점포, 소비자 사이를 이어주는 산업의 혈관과 같은 역할을 한다. 유통물류 사업은 혁신적 제품을 생산하거나 새로운 IT 기술을 개발하여 폭발적으로 성장할 수 있는 사업이 아니다. 원하는 물건을 한 치의 오차도 없이 매일 매일 정확하게 배송해야 하는 유통물류는 마치 일개미처럼 쉼 없이 꾸준하게 묵묵히 일하면서 한 발자국 한 발자국 성장하는 기업이다. 핏줄이 막히면 사망에 이르듯 유통이 멈추면 우리나라 산업 전체가 멈출 수밖에 없는 매우 중요한 일이다.

▲ 가고 싶은 점포로 만들기

　지금은 대한민국 곳곳에 대형마트나 24시 편의점이 없는 곳이 없을 만큼 소매점이 발달했지만 80년대만 해도 우리나라 소매점은 구멍가게라 불리던 작은 점포가 대부분이었다. 1990년부터 소매점은 비약적 성장을 하게 되었는데, 이러한 소매점의 성장은 아신의 물류시스템의 발전과 궤를 함께하였다.

　1990년 무렵 우리나라에는 구멍가게가 골목마다 자리잡고 있었다. 10평 안팎의 작은 규모의 점포에서 사람들은 필요한 생필품을 구매하고, 밤새 벌어진 일의 안부를 묻기도 하였다. 구멍가게는 단순한 매장이 아니라 동네 사랑방 같은 역할을 했다. 그러나 냉철하게 유통물류 시스템이라는 비즈니스 측면에서 보자면 문제점들이 한두 가지가 아니었다.

　점포 규모가 작다 보니 물품을 제대로 갖춰 놓지 않아 사러 가도 없는 물건이 많았다. 그나마 있는 물건들도 뒤죽박죽이 되어 때로는 점포 주인조차 무엇이 어디 있는지 몰랐다. 그러다 보니, 상품의 아래쪽에 깔린 물건은 유통기한을 넘기기 다반사였다. 더구나 냉장시설도 제대로 되어 있지 않아 변질된 제품도 적지 않았고, 무슨 제품이 얼마나 남았는지 파악이 안 되니 재고 관리도 어려웠다. 점포엔 구석구석 재고 박스가 쌓여 모든 것이 뒤죽박죽, 주먹구구식이었다.

문제는 점포뿐만 아니었다. 상품을 공급하는 업체 또한 여러 가지 어려움에 부딪혔다. 각 대리점들은 자기 회사의 제품을 조금이라도 좋은 자리에 진열하기 위해 하루에도 몇 번씩 들락거렸고, 때로는 진열대 자리다툼에 진열하는 사람들끼리 몸싸움도 벌어졌다. 잘 팔리는 물건을 공급하는 대기업에 눌려 중소기업 제품은 점포에서 제대로 된 자리를 차지하기 힘들었다. 그러다 보니 물건을 많이 파는 점포주에게 뒷돈을 찔러주는 부당거래가 생기기도 했다.

점포의 주인 또한 상품을 구매하려면 각각의 상품을 공급하는 대리점에 일일이 전화를 하거나, 도매시장을 직접 찾아가서 물건을 구매해와야 했다. 상품 구매하랴, 손님 응대하랴, 대리점에서 가지고 온 상품 검수하랴 정신이 없는데, 때로는 대리점 직원들과 실랑이하느라 점포관리나 판매에 전념을 할 수 없는 구조였다.

당시 우리나라의 제조회사는 각각 자기 회사의 제품만 취급하는 대리점을 통해 물건을 공급하였고, 동네 슈퍼는 이 대리점을 통해 물건을 공급받을 수 있었다. 그러다 보니, 각 점포에는 수십, 수백 개의 대리점 직원이 와서 매일 물건을 진열하고 반품할 물건들을 빼가느라 북새통을 이뤘다. 도심의 점포 앞 도로는 각 제조회사들의 납품 차량들로 넘쳐났다.

그런데 일본은 달랐다. 유통물류 시스템을 통해 이런 문제점을 해결하고 있었다. 수많은 제조업체들이 자사 제품을 유통물류 회사의 물류센터에 갖다 놓기만 하면 되었다. 각 점포의 점주들은 자신들이 필요한 물건을 유통물류 회사 물류센터에 주문하고, 물류센터에서는 각 점포에서 주문한 수백, 수천 가지 상품들을 한 번에 모아 점포에 배송해 주었다. 제조업체 별로 수십 대의 차량이 점포를 들락거리지 않고, 물류센터에서 한 대의 차량에 주문한 물건을 모두 모아 싣고 가면 되는 것이었다. 우리나라에는 점포에 들어가는 차량이 수십 대씩이었지만 일본의 점포는 고작 한두 대뿐이었다.

이렇게 물류센터를 거점으로 한 배송시스템의 가장 좋은 점은 기업의 유통비용을 획기적으로 낮출 수 있다는 것이다. 당시 우리나라는 제조원가의 약 15~20%가 물류비로 쓰이고 있었는데, 전문 유통물류 시스템을 이용한다면 그 비용을 낮출 수 있었다. 기업뿐만 아니라 국가전체로 보았을 때, 교통체증을 완화시키고, 자동차 기름 소비도 줄이고, 공해도 줄일 수 있으니 눈에 보이지 않는 기회비용까지 더한다면 물류비용을 획기적으로 줄일 수 있게 되는 것이다.

유통물류 사업은 유통원가를 절감하여 기업의 경쟁력을 높이고, 나아가 국가에도 이익이 되는 사업이다. 산업과 산업을 이어주는 핏줄과 같은 역할이기에 우리나라 경제 규모가 커질수록 반드시 필요한 사업, 지속적으로 발전할 수 있는 사업이다. 바로 그 새로운 가능성을 가진 사업을 일본에서 발견한 것이다.

🇦 유통물류가 있어 가능한 편의점 운영

선진 유통물류 시스템에 접근하기 위해서는 먼저, 편의점에 대해 알아볼 필요가 있었다. 일본에서 편의점이라는 새로운 형태의 점포가 생긴 해는 1974년이다. 지금은 모르는 사람이 없는 '세븐일레븐'은 1990년에 이미 15년을 넘기며 일본 사회 구석구석에 뿌리내리고 있었다.

일본에서 편의점이라는 방식에 가장 먼저 주목을 한 회사는 1920년에 설립되어 1971년 일본 소매업계에서 17위를 차지하고 있던 이토 요카도라는 회사였다. 한마디로 일본의 소매업, 유통업에서 이렇다 할 존재감을 발휘하지 못하고 있던 회사가 편의점이라는 새로운 형태를 도입하면서 일본 유통의 판도를 바꾸게 되는 것이다. 이 회사가 시작할 당시의 절박함이 어쩌면 편의점 성장의 견인차 역할을 했는지도 모른다. 1990년 무렵의 우리 회사도 마찬가지였다.

이토 요카도 역시 새로운 사업을 모색하기 위해 유통 선진국인 미국을 공부했는데, 그들이 발견하게 된 것이 바로 '콘비니언스 스토어

(convenience store)', 즉 편의점으로 번역되는 점포인 세븐일레븐이었다.

당시 일본에서는 염가 판매 방식으로 영업하는 소매업이 일반적이었다. 매출을 늘리기 위해서 더 싼 가격으로 판매를 하면서 출혈경쟁을 벌였고, 점포 수익률은 점점 낮아지고 있었다. 그런데, 이토 요카도 직원들은 미국 편의점을 견학하고 놀라운 경험을 한다. 할인경쟁이 치열한 일본과 달리 미국의 편의점엔 일체의 에누리가 없었다. 더 놀라운 것은 미국의 편의점들은 50평이라는 적지 않은 규모에 연중무휴였고, 당시로는 상상하기 힘들었던 영업시간인 오전 7시에서 밤 11시까지(그래서 '세븐일레븐'이다. 지금이야 24시간 연중무휴지만) 운영되고 있었다.

그때까지만 해도 일본에는 존재하지 않았던 미국의 편의점은 1927년에 시작되어 1964년부터 프랜차이즈 시스템으로 돌아서 이미 전국적으로 가맹점 4,200여 곳이 개설될 정도로 가파른 성장세에 있었다. 이토 요카도의 혈기 넘치는 직원들은 미국에서 발견한 유통의 신세계를 3년이라는 짧지 않은 기간 동안 우여곡절 끝에 일본으로 들여와 마침내 일본에서도 세븐일레븐 1호점이 오픈하게 되었으니, 이때가 1974년 5월이었다. 일본에 새롭게 나타난 새로운 유통 혁명인 편의점은 일본 열도를 서서히 접수하게 되고, 1990년 일본으로 간 나의 눈앞에 펼쳐졌던 것이다.

　이토 요카도 직원들과 내가 발견한 것이 편의점이라는 것은 같았다. 하지만 그들은 새로운 판매 방식에 주목했고, 나는 운영 방식에 주목한 점이 달랐다. 내가 주목한 것은 편의점의 세련되고 편리한 매장운영 방식이 가능하도록 만들어 준 유통시스템, 즉 물류였다.

　지금이야 우리나라에서도 그야말로 여기 저기 널려 있고, 좁은 골목 안에서도 서로 마주보고 있을 정도로 흔한 게 편의점이지만, 불과 20여 년 전만 하더라도 편의점은 그 전까지는 아무도 생각하지 못한 새로운 형태의 점포였다.

　편의점이 처음 생기기 시작했을 때 보였던 사람들의 반응을 기억하는가? 24시간 연중무휴로 운영되는 점포라는 점, 고급스럽고 비싸고 신선한 상품들이 가득한, 작은 백화점처럼 세련된 점포의 탄생에 놀라워했고 환호했다. 그리고 그렇게 간편하게 모든 물건을 구입할 수 있는 세련된 점포가 가능했던 것은 바로 유통물류 시스템이 있었기 때문이었다.

A 운송회사에서 유통물류 전문회사로

마침내 우리나라에서도 편의점의 역사가 시작되었다. 일본에서 내 두 눈으로 목격하고 놀라워마지 않았던 바로 그 편의점인 세븐일레븐이 우리나라에 들어왔다. 올림픽선수촌아파트 단지 내 상가에 1호점이 88서울올림픽 때 생겼고, 얼마 지나지 않아 훼미리마트가 첫 선을 보였다.

다품종 소량판매를 하는 편의점은 재고 없이 매일 소비자에게 판매를 해야 하기 때문에, 박스 단위 주문만 가능했던 기존의 대리점 위주 유통구조로는 운영이 불가능했다. 우리나라에서도 유통물류 시스템의 도입이 절실해진 것인데, 선진화된 유통물류 시스템에 대해 잘 알고 있는 사람이 거의 없었다. 일본 방문시에 머릿속에 그렸던 유통시스템이 필요한 시점이었다. 나는 결심했다. 유통물류 시스템을 제대로 해보겠다고.

"사장님, 아직은 물류에 진출할 때가 아닌 것 같습니다."

당시 많은 얘기를 주고받고 함께 일본을 다녀온 일본 전문가는 반대 의견을 냈다.

"아니, 물류가 전망 있는 사업이라는 걸 아시면서 왜 반대 하시는 거죠?"

"물류는 사장님이 혼자 하신다고 되는 게 아닙니다. 모든 게 표준화가 되어 있어야 합니다. 시스템을 받아줄 점포는 기본이고, 공급 시스템 등이 갖춰져야 합니다. 각 제조회사의 제품 포장도 마찬가지구요. 아직은 시기상조가 아닌가 합니다."

일리 있는 의견이었다. 하지만 시기가 이르다고 해서 모든 조건이 다 갖춰질 때까지 기다린다는 것은 사업 기회를 포기하는 거나 마찬가지라는 생각이 들었다. 먼저 시작해서 물류시스템의 경제적 효과와 효율성을 보여주면 머지않아 제조회사들도 따라 오게 되리라 생각했다.

• 전북 푸드클러스트 사업단 물류시스템 자문중인 김홍규 회장

제품 생산원가는 원자재 값이 떨어지거나 비약적인 기술 발전에 의한 절감 요소가 있기 전에는 줄이기 어려운 것이다. 인건비를 줄이는 것도, 홍보마케팅비를 줄이는 것도 어느 것 하나 쉽지 않다. 일하는 사람 줄이고 광고 비용 줄이면 생산물품도 줄여야 한다는 소리이고 이는 곧 매출 하락으로 이어진다. 그러나 물류를 유통물류 전문회사에 아웃소싱하면 유통에서 발생하는 비용을 절반 이상 줄일 수 있다. 제조회사가 유통물류 전문회사에 물류를 맡기는 것은 생산 원가를 효율적으로 줄이는 방책이다.

당시 우리나라는 제품을 만들어서 직접 대리점과 특약점 혹은 소매점까지 운송하는 일을 한 회사에서 다 처리하다보니 비효율적인 일이 다반사였다. 각 소매점들에 대한 배송비와 배송 관리를 위한 인건비, 대리점을 통할 때의 유통 마진까지 고려하면 최종 소비자가가 오를 수밖에 없었다. 최종 소비자가를 못 내리더라도 생산에서 판매까지 누수분을 줄이면 줄일수록 기업 이윤이 커지는 것은 자명한 일이었다.

그래서 나는 이 유통물류가 생산자와 소비자 양쪽을 모두 고려할 때 우리나라에 꼭 필요한 시스템이라는 확신을 하기에 이르렀다. 어떤 사업이든 새롭게 시작할 때는 당연히 주변 여건이 성숙해 있지 않는 경우가 대부분이다. 그렇다고 해서 여건이 성숙할 때까지 기다리면 이미 그때는 새로운 사업으로 시장을 개척하기에 늦은 시점이 된다. 기다릴 수 없었다. 오히려 조금만 더 적극적으로 생각하면 우리 회사가 유통 물류 사업에 새롭게 뛰어들 수 있는 좋은 시점이었다.

"우리가 지금 하고 있는 게 뭡니까, 운송업 아닌가요. 만약 제가 아무런 경험도 없거나 전혀 다른 분야의 업종이었다면 저 역시 좀더 시간을 두고 시장을 살펴봤을 겁니다. 하지만 우리에겐 이미 운송에 필요한 기반이 있고 기존의 방식이긴 하지만 나름대로 유통을 하는 직원들이 있습니다. 그렇다면, 지금이야말로 좋은 기회가 아닐까요?"

⋕ 편의점 유통물류의 꽃을 선점하라

막 생기기 시작한 편의점들을 대상으로 유통물류 사업을 하겠다고 결심을 세우니 이번에는 어떤 품목을 유통할 것인가 하는 숙제가 생겼다. 편의점 안에는 상상을 초월하는 잡다한 품목이 다 구비되어 있다. 잡화에서 주류, 과자, 소모품에 이르기까지 없는 게 없다. 식품도 냉장보관이 필요없는 상온제품과 과채류나 우유 같은 신선도 때문에 매일 배송해야 하는 이른바 냉장냉동 일배 식품도 있다. 직원들과 논의에 논의를 거듭했다. 오랜 논의 끝에 우리는 세 가지 원칙을 세웠다.

첫째 진입장벽이 낮지 않아야 한다. 누구라도 쉽게 뛰어들 수 있는 분야는 우리 회사만의 특화된 사업으로 만들기 어렵기 때문이다. 그래서 일단 취급품목이 무한대인 잡화에는 눈 돌리지 않기로 했다.

다음으로 정한 원칙은 노하우가 있어야 가능한 분야, 하면 할수록 우리만의 노하우가 축적이 되는 분야에 진출하자는 것이었다. 마지막 원칙은 먼 훗날 물류 사업이 주력 산업으로 부상될 때, 대기업이 쉽게 진출하기 힘든 분야를 우리가 선점하자는 원칙을 세웠다.

이 3가지 원칙은 우리나라에서 중소기업을 운영할 때 꼭 필요한 원칙이기도 했다. 새로운 시장을 개척할 때 신생기업이나 중소기업은 대기업보다 높은 리스크를 안고 시작할 수밖에 없다. 시장조사나 인력, 시스템을 만드는 기술 등등 모든 것에 다 투자해야만 그 분야에 노하우를 가질 수 있는데 어느 수준에 올라서면 반드시 대기업의 침공을 받게 된다. 안정된 판로가 열리고 시스템이 안착되면 자본만 투입하면 되니까 거대자본을 앞세워 밀고 들어오는 게 대기업 속성이었다.

우리에게는 대기업이 들어와도 영향 받지 않는, 신선한 분야가 필요했다. 어렵지만 편의점 유통물류에서 남들이 쉽게 시도하지 않는 분야를 먼저 시작하기로 했다.

그렇게 해서 결단을 내린 분야가 바로 물류의 꽃이라는 냉장냉동 일배 식품, 즉 매일매일 배송해야 하는 신선식품이었다. 일배 식품은 편의점에서는 없어서는 안 되는, 편의점의 꽃 같은 존재이다. 우유, 햄, 어묵 같은 식품들은 소비자들이 언제나 신선하게 먹을 수 있어야 하는 제품들이다. 매일 배송하면서 최상의 신선도를 유지하도록 세심하게 관리해야 하는 품목이다. 또 무엇보다 재고를 남기지 않아야 하는 품목이다. 일배 식품의 재고는 곧 손실이다. 제조사가 되었든 점포주가 되었든 누군가는 재고를 폐기처분하는 비용을 떠안아야 한다. 그래서 편의점 사업을 시작한 회사도 일배 식품의 유통은 큰 고민거리일 수밖에 없다.

그렇지만 아신에겐 어렵지 않게 접근할 수 있는 분야였다. 이미 냉동 탑 차를 갖추고 있었고 식품배송을 하며 쌓인 노하우가 있었다. 지금이야 시스템과 운영 노하우가 축적되어 쉬운 일이 되었지만 당시만 해도 절대로 만만한 일이 아니었다. 사람, 시간, 인내심 모두가 요구되는 일이었다. 신선도 유지를 위해 끊임없이 새로운 방법을 개발해야 하기 때문에 섣불리 접근하기 어려운 분야이지만 아신에게는 최적의 사업 아이템이기도 했다.

가락동에 세워진 최초의 유통물류센터

유통물류 사업에 뛰어들기로 한 나의 결심은 절대 흔들리지 않았고, 물류라는 새로운 세계를 향해 거침없이 성큼성큼 발을 내딛고 있었다. 제일 급한 건 물류센터였다. 유통물류를 하려면 제품을 보관할 물류센터가 필요한데 작게나마 마련하고 싶었다. 아무리 작아도 공간 마련에는 회사나 집이나 큰돈이 들어간다. 작은 아파트 한 채가 전 재산이었는데 물류센터를 마련할 자금이 있을 리가 만무했다. 일단 예전에 직장 생활을 할 때 회사 업무를 통해 잘 알고 지내던 은행의 지점장을 찾아갔다.

"지점장님, 제가 새로운 사업을 시작했습니다."

"아, 그러세요? 근데 어떤 사업입니까?"

"유통물류 사업인데, 물류센터를 확보할 자금이 필요합니다. 혹시 지원받을 방법이 있습니까?"

"유통물류라는 게, 어떤 사업입니까?"

운송업을 하다가 새로운 사업을 결심한 계기부터 내가 일본에서 본 것들에 대해 자세하게 얘기했다. 지점장은 궁금한 질문을 던지며, 열심히 나의 이야기를 들어 주었다. 분위기를 봐서는 어느 정도 대출이 가능할 것 같다는 느낌이 들었는데 얼마나 대출해줄지는 알 수 없었다. 갖고 있는 아파트를 담보로 해 봤자 빌릴 수 있는 자금은 기껏해야 몇 천만 원 정도일 거였다. 물론 그 정도로는 턱없이 부족하고 다른 사금융이라도 알아봐야 하나 하는 걱정이 일었다.

"알겠습니다. 새로운 사업임에는 틀림없으니 믿고 빌려드리겠습니다. 1억이면 되겠습니까."

"네? 1억이요? 정말 가능하겠습니까?"

"그럼요. 제가 그냥 드리는 것도 아닌데 뭘 그렇게 놀라십니까."

비록 작은 운송회사를 운영해 오고 있었지만, 거래 회사들은 물론이고 은행과도 신뢰를 쌓아온 게 위력을 발휘한 것이다. 특히 직장생활을 할 때 은행 업무를 하면서 쌓아놓은 개인적인 신용이 큰 힘이 되었다. 나는 은행거래 업무를 하며 은행과의 약속을 단 한 번도 어긴 적이 없었다. 그렇다 보니 거래 은행 담당자들은 김흥규의 말은 곧 보증수표인 양 여겨줬다.

직장생활에서 쌓은 신용은 결국 새로운 사업의 밑천이 된 것이다. 새로운 사업을 위한 자금이 해결된 나는 물류센터를 위한 장소를 찾기 시작했다. 여러 곳을 알아보던 중 가락동 시장 근처 한 작은 건물의 1층에 30평 정도의 공간을 마련했다. 물류센터라고 하기에는 많이 부족한 공간이었지만 입지도 괜찮고 임대 조건도 나쁘지 않았다. 새로운 사업의 첫 발을 내디딜 만한 공간이었다.

그곳에서 아신이, 그리고 우리나라 유통물류 산업이 탄생하게 되었는데, 그때가 1991년 9월이었다.

🄰 대한민국 편의점의 일류 파트너

선진 유통물류 시스템에 대한 공부를 하며 이제 곧 새로운 유통물류 혁명이 일어날 것이라는 예감이 들었다. 그리고 그 혁명의 주인공은 바로 우리 아신이 되리라 확신했다. 편의점이 하나 둘씩 개점이 되는 것을 보면서 빠른 시간 안에 우리나라에도 반드시 선진국과 같은 유통물류 시스템을 필요로 할 것이란 생각이 들었다. 그렇기에 비록 크진 않지만 물류센터를 마련하고 다가올 유통물류 혁명에 대비하며 하나 하나씩 준비했다.

지금 생각해도 당시 난 물류에 미쳐 있었던 것 같다. 아직 도래하지 않은 대한민국 유통물류 산업의 미래를 준비하고 있다는 생각에, 유통물류 산업의 미래가 밝다는 생각에 가슴이 한껏 부풀었다. 그리고 만나는 사람마다 붙들고 대한민국 유통물류 산업의 비전에 대해 열변을 토했다. 어찌나 물류를 떠들고 다녔던지 하루는 편의점 유통업을 하는 회사의 임원이 찾아왔다.

"김 사장님, 새로운 유통을 계획하신다는 얘기를 듣고 찾아왔습니다. 어떤 생각을 가지고 계신지 말씀해주실 수 있겠습니까?"

"우리보다 유통에 있어 최소 20년은 앞선 일본하고 미국을 둘러보고 왔는데, 느낀 점이 많습니다. 그쪽은 이미 유통물류 시스템이 자리를 잡고 있더군요."

나는 일본과 미국에서 접하고 느낀 것들에 대해 열정을 가지고 이야기했다.

"바로 그런 물류를 우리나라에서는 제가 시작할 생각입니다. 아직 규모는 크진 않지만 나름대로 준비도 해놓고 있습니다."

나의 말을 경청하던 그는 지체하지 않고 나에게 손을 내밀었다.

"저희와 함께 하시는 게 어떻겠습니까?"

이렇게 손을 잡은 두 회사는 편의점 사업에 필요한 유통물류 시스템을 본격적으로 가동하기에 이르렀다. 처음 시작은 5개 점포였지만 블록마다 신규 점포를 출점시키며 그 세를 확장해 나갔고, 아신은 그것이 가능하도록 후방지원대 역할을 톡톡히 하였다.

사실 우리를 찾아왔던 그 임원은 이미 일본에서 유통물류에 대해 많은 교육을 받고 온 유통 전문가였다. 여러 루트를 통해 자신의 회사와 함께할 사업 파트너를 찾고 있었는데 유통물류에 대해 열정적으로 준비하고 있다는 아신의 소문을 듣고 직접 찾아왔던 것이다. 일본에 가서 착안해온 새로운 사업이 자리를 잡기를 고대하던 아신과, 아신 같은 시스템을 원하던 회사가 만났으니 더 망설일 이유가 없었다. 그 일은 곧 대한민국 유통 역사에 한 획을 긋는 새로운 시작이었다.

🅰 우리 회사는 유통물류 시스템 전문회사입니다

처음에는 유통물류라는 말 자체를 이해하지 못하는 사람들이 적지 않았다. 여태까지 대리점이나 도매상을 통해 소매점에 제품을 공급하는 기존의 배송 방식이 아무런 문제가 없었는데, 왜 갑자기 물류센터를 통해 각 점포에 배송을 해야 하는지, 새로운 시스템에 대한 필요성을 전혀 느끼지 못하고 있었다.

"물류요? 저희가 직접 점포에 물건을 갖다 주지 않아도 된다고요?"

"그렇습니다. 여러 제조회사에서 저희 물류센터로 물건을 갖다주시면 각 점포별로 주문한 제품을 한꺼번에 모아서 점포별로 물건을 공급해 드리는 겁니다. 그러면 제조회사는 모든 점포들을 일일이 돌아다니지 않아도 되니 좋고, 점포에서는 이 회사 저 회사에서 시도 때도 없이 가지고 오는 물건을 받아야 하는 번거로움 없으니 좋지요. 또 점포에서 그날그날 팔 수 있는 낱개 단위 수량으로 공급해 드리기 때문에 재고나 박스를 여기저기 쌓아 놓을 필요도 없습니다."

제조회사의 담당자를 만날 때 처음에는 유통물류를 생소하게 여기다가도 조금만 설명하면 '아, 그런 방식이 있었군요.' 하며 거래가 성사되곤 했다. 그도 그럴 것이 새로운 유통물류 시스템은 제조회사의 수고를 덜어주는 편리함 뿐 아니라 비용절감 효과도 컸기 때문이다.

점포 역시 물류를 이용하는 것에 많은 이점이 있었다. 물류창고에서 일괄적으로 필요한 모든 제품을 한꺼번에 배송해주면 수많은 대리점이나 제조회사 직원을 일일이 상대하지 않아도 되고, 물품 주문을 위해 여러 곳에 일일이 전화하지 않아도 되었다. 뿐만 아니라 바쁜 시간 점포를 비우고 도매시장을 찾는 번거로움도 없었다.

기존의 대리점을 통해 물건을 공급 받던 개인 슈퍼마켓이나 동네 식품점은 상품을 제대로 진열하는 것도 어려웠고, 재고 관리도 힘들었다. 동네 슈퍼들은 규모가 작은 영세점포들이었는데, 제조업체가 박스 단위로 배송을 했기 때문에 소량 단위의 낱개 주문을 할 수 없었고, 박스 단위로 주문을 하다 보면 미처 팔리지 않은 물건은 재고로 남아 유통기한을 넘기는 경우도 허다했다. 그러니 좁은 점포 안팎으로 재고 박스들만 쌓이고 있었다.

그런데 유통물류만을 전문으로 하는 우리 같은 회사가 생기게 되면서 시스템과 구조가 바뀌게 되었다. 여러 제조업체는 물류센터로 물건을 가져오고 각 점포는 물류센터로 필요한 수량만큼만 주문을 한다.

그러면 물류센터에서는 각 점포의 주문 제품을 주문 수량만큼만 박스에 담아 점포에 공급하게 되는 것이다.

그동안의 방식은 16차선 도로에 제조사 소속의 수많은 차량들이 같이 달려 심한 정체를 유발하는 격이었다. 반면에 새롭게 도입한 방식은 16차선 도로에 유통물류 차량 한 대가 모든 제품을 싣고 달리면 되기 때문에 신속하고 효율적인 이동이 가능해진 것이라 설명 할 수 있다.

생각해보라. 하루에 수십, 수백 곳의 제조회사가 들락거리다가 이제는 한두 차례만 들락거리게 된다면 어찌 그 점포가 깨끗하고 깔끔해지지 않을 수 있겠는가. 소비자의 슈퍼마켓에 대한 인식이 바뀌게 된 것, 편의점이라는 획기적인 점포가 가능한 이유가 바로 여기에 있다. 깨끗하고 소비자가 필요한 물건을 골고루 갖출 수 있으니 그때부터 편의점에 대한 인기가 좋아진 것이다. 이때가 대략 1992년 무렵이었으니 우리나라의 편의점 역사도 어느 새 20년을 훌쩍 넘어가고 있다.

▟ 고객사가 커야 우리가 큰다

아신의 유통물류 사업은 편의점 다섯 개 점포에 물건을 공급하면서 시작되었다. 유통물류 사업은 아신도 처음이었지만, 고객사인 편의점 본사 사람들 역시 마찬가지였다. 그러다 보니 때때로 시스템이 원활하게 작동하지 않거나, 문제가 발생하기도 했는데, 그럴 때면 아신의 직원들과 고객사 직원들이 함께 문제를 분석하고 해결책을 찾기 위해 밤을 새워 일을 하곤 했다.

그 전까지는 대리점에서 판매하던 수많은 물품을 제조회사에서 우리 창고로 상품을 가져 왔다. 그 다음 모든 품목을 다시 재분류하였다. 각 점포에서 주문이 들어온 대로 낱개로 분류하여 한곳에 다시 담는 작업을 거쳤다. 점포들마다 필요로 하는 물품의 종류와 개수가 달랐는데, 대리점에서 물건을 공급할 때는 박스 단위였던 것과는 달리 점포에서 단 한 개를 주문하더라도 점포에서 주문하는 수량에 맞춰 재분류하여 공급한 것이다.

그렇게 의욕적으로 유통물류 사업이 시작되었다. 처음엔 취급하는 품목들도 제한되었고, 거래하는 점포들도 얼마 되지 않아 적자운영을 할 수밖에 없었다. 물론 어떤 사업이든 대부분 초기에는 일정 적자를 감수할 수밖에 없다. 하지만 적자상태라는 것도 어느 정도지 그러한 상태가 계속 이어지자 직원들도 초기의 의욕적인 태도가 시간이 갈수록 눈에 띄게 꺾여가고 있었다. 이런 상황을 버거워하던 직원들이 대놓고 불만을 토로한 적도 있었다.

"사장님, 이러다 우리 회사가 먼저 무너지겠습니다. 뭔가 대책을 좀 세워야 하는 거 아닙니까?"

대한민국에서 유통물류 사업을 처음 시작한다는 자부심과 유통 분야와 제조업의 혈맥이 될 거라는 확신, 그래서 꼭 필요한 사업이기에 성공할 것이란 전망으로 시작했지만, 거래하는 점포수가 적다 보니 초반 적자는 당연히 날 수밖에 없었다. 그렇다고 거래처인 편의점 본사를 찾아가 '적자가 나니 요율을 올려주시오' 하며 떼를 쓸 수도 없는 노릇이었다.

유통물류는 물동량이 생명이다. 고객사의 가맹 편의점 수가 늘어나고 매출이 늘어나 더 많은 물동량이 움직여야 우리 회사의 영업이익도 늘어나는 것이다. 편의점 숫자가 늘어나는 것은 고객사만의 과제는 아니었다. 편의점 숫자가 늘어나기 위해서는 성공하는 점포가 많아야 하고 그것만이 우리 사업을 안착시키는 길이었다.

유통을 맡은 업체로서 할 수 있는 것은 한정되어 있지만, 우리는 매장을 매일같이 드나들기에 매장에 더 많은 정성과 공을 들이기 시작했다. 더 많은 사람들이 자꾸 오고 싶은 곳으로 만들기 위해 점포의 제품 진열 방식도 더 세련되고 편하게 선택할 수 있도록 점주에게 요청했다. 소비자가 많이 찾는 인기 제품은 재고를 떨어뜨리지 않기 위해 점주에게 더 많이 주문하도록 설득했다. 특히 신선식품의 선도에 온 신경을 집중하여 편의점을 찾는 소비자의 불만이 발생하지 않도록 했다. 점포주가 점포 운영에만 신경 쓸 수 있도록 한 치의 오차도 없는 상품 공급 시스템을 만들기 위해 모든 노력을 기울였다.

점포의 성공이 고객사의 성장을 이끌고, 고객사의 성장이 우리 회사의 성공도 견인할 수 있는 구조였다. 고객사가 성장해야 우리가 성공한다. 그것은 아신의 철학이기도 하다. 그러나 그 성장에는 시간이 필요했다.

이런 더딘 성장에 직원들은 불안해했다. 더 다독거리고 더 많은 자금을 끌어와야 했다. 불안해하는 직원들에게 급여까지 미루는 최악의 사장이 되고 싶지 않았다.

창업자금도 빚을 내었던 터. 계속 된 적자에 또 빚을 얻어 운영 자금을 충당할 수밖에 없었다. 당연히 생활비도 거의 가져다주지 못했다. 집사람에게는 뭐라고 얘기하고 말고 할 것도 없었다. 나의 침묵을 스스로 알아서 생활비를 충당하라는 것으로 해석하고 묵묵히 살림을 꾸려나간 집사람이 그저 고마울 따름이다. 시간이 흐르고 빛이 늘어날수록 속은 숯검정처럼 타들어 갔다.

서로의 노력이 통하였는지 시간이 흐르면서 다행히 우리가 거래하는 점포의 숫자도 늘어났다. 50점, 100점, 150점으로 늘어났고, 일본에서와 마찬가지로 편의점은 우리나라에서도 히트 상품이 되어가고 있었다. 늘어나는 추세를 보니 우리가 거래하는 점포가 머지않아 300점은 되리라 예측이 되면서 여태까지 했던 고생이 이제 거의 다 끝나간다는 생각에 힘든 줄도 몰랐다.

◪ 유통물류, 제대로 해보시겠습니까?

국가의 산업을 인간의 몸이라 한다면 유통물류산업은 핏줄과 같은 역할을 한다. 우리 몸이 건강하기 위해서는 산소와 영양소가 구석구석 잘 공급되어야 하는 것처럼 생산된 제품이 소비자에게 잘 전달되어야 경제도 잘 돌아간다. 그렇기 때문에 유통물류 시스템이라는 것이 나 혼자만 잘 해서 되는 일이라 생각하지 않았다. 우리나라 산업이 도약하려면 더 나은 선진 유통물류 시스템이 필요했다. 그래서 더 나은 시스템을 만들기 위해 학계와 관계, 기업계 등 수 많은 경로를 통해 제안도 하고, 나의 경험이 필요하다면 기꺼이 달려가 도움이 되고자 노력했다.

농협도 그 중 하나다. 지금이야 농협 하면 전국적인 조직망을 갖춘 거대 유통망이지만, 당시에는 유통망이라고 할 시스템을 갖추지 못했다. 처음에는 양재동에서 천막을 치고 운영했는데 제조업체와 판매자들이 농협 하나로마트 건물 앞에 각자 부스를 설치한 후에 판매를 하던 시절이었다. 그 모습을 보고 아신에서 먼저 농협에 유통물류 시스템을 제안했다.

"농협도 유통물류 시스템이 도입되어야 합니다. 그러려면 우선 중간 상인을 거치는 시스템을 바꿔야 합니다."

다행히 농협은 이 제안을 긍정적으로 받아들였다. 각 제조회사들은 물류센터에 제품들을 가져다 놓고 각 지점에서 주문하는 제품을 주문 수량만큼 일괄적으로 분류하고 공급해주는 시범사업을 제안하여 시작했다. 시범 사업을 아신이 맡게 된 것이다.

우선 70개 점포를 선정한 다음, 우리의 유통물류 시스템을 이용한 공급을 시작했다. 기존의 방식이 아닌 새로운 방식으로 상품들이 어떻게 유통이 되는지 직접 보여주기 시작한 건데, 농협 관계자들은 물론이고 전국 점포에서도 편리하고 저비용·고효율이라고 인식되어 새로운 유통물류 시스템의 도입이 시급히 이뤄져야 한다고 입을 모았다.

농협은 그렇게 커나가기 시작해서 전국에 약 2천여 개 점포에 유통물류 시스템을 통해 상품을 공급하고 경쟁력을 갖추게 되었다. 그 후 농협 양재점은 하나로 클럽이 되고, 유통물류사업 시범의 전 과정을 지켜본 농협은 자체 유통물류센터를 짓게 된다. 그런 식으로 나는 물류가 필요한 곳은 어떤 곳이든 제안을 했고 우리가 하고 있는 시스템을 설명했고, 필요하면 직접 물류센터에 초대하여 보여주며 설명했다.

당시에 한 기업이 의욕적으로 슈퍼마켓 사업을 시작했는데 선진 유통 시스템을 갖추지 못하여 열악한 상태에서 비효율적으로 운영이 되고 있었다. 그러다 보니 그 회사의 유통사업부는 이렇다 할 성과를 내지 못하고 있었다. 어느 날 그 회사의 임원이 우리를 찾아왔다. 아신이 일본식 편의점 물류 시스템을 한국 실정에 맞게 접목하여 상품공급을 하고 있다는 소식을 들었다고 했다.

"저희가 슈퍼마켓 사업을 하고 있는데, 아직 매장에 결품도 많고 효율도 높지 않아 시행착오를 겪고 있습니다. 같이 손잡고 해보실 의향은 없으십니까?"

"좋습니다. 저희 회사가 물류를 책임져 드리겠습니다. 각 매장에서 필요한 시스템에 맞춰 원하는 수량만큼 공급해 드리겠습니다."

그렇게 해서 그 슈퍼 체인에 맞는 유통물류 시스템을 구축하고 본격적인 업무를 시작했다. 다품종 소량 공급 방식으로 모든 제품을 원하는 수량만큼 낱개 단위로 매일 공급을 했다. 각 매장에 팔리는 대로 물품을 가져다주었다. 소량의 신선한 제품들이 매일 진열대에 채워졌고 매장 자체도 깔끔하고 깨끗해져 찾아오는 손님들의 만족도가 올라갔다. 특히 인기 상품 중심으로 진열 판매하게 되니 점점 매출이 신장되고 결과적으로 가맹점포의 숫자가 늘어나는 선순환이 가능해졌다.

물류센터에서 각 매장으로 공급해주는 물품들은 가짓수가 많다. 제품의 종류는 만여 개에 이를 정도인데 심지어 이쑤시개까지 공급해준다. 매일 밤이면 물류센터에는 각 점포로 공급될 물품들로 가득하지만 오전 즈음이면 마법처럼 말끔히 비워진다. 점포별 주문 상품을 받아, 제조사별, 품목별 수량을 취합해서 각 제조사에 발주한다. 그러면 제조사들은 발주받은 수량만큼 아신 물류센터에 납품하고, 그 상품들은 점포별 주문 수량대로 분류되어 각 점포로 공급된다. 때문에 매장이나 본사 모두 재고 부담에서 벗어날 수 있다. 이것이 바로 우리 아신의 자랑거리인 무재고 시스템 JIT(Just In Time)이다.

🅰 무반품 시스템

우리나라에서 제조업을 한다는 건 때론 도박과도 같다. 물건을 만들어 시장에서 잘 팔리면 대박이 나는 거고, 잘 팔리지 않으면 재고가 쌓이고, 재고 비용을 감당할 수 없으면 결국 도산하게 된다. 그렇지만 선진적인 유통물류 시스템을 도입한 후로는 소비자의 수요량에 맞춰 주문을 하고 생산을 할 수 있게 되어 효율적 운영이 가능하게 되었다.

1990년 물류시스템을 도입하기 이전엔 반품되어온 재고품들이 건전한 경영의 발목을 잡았다. 얼마가 팔릴지 모르니 일단 많이 만들어 놓고 팔리기를 기다리다 보니 재고가 쌓이게 되는데 이는 기업회계 조차 왜곡하는 결과를 낳았다. 예를 들어 12월 결산을 하니 기업의 1년 매출 이익이 100억 원이 났다고 하자. 그런데 문제는 연말에 대리점과 각 점포에 쌓인 채 팔리지 않은 물건들이 줄줄이 반품되어 들어오는 것이다. 그렇게 반품된 물건이 50~60억 원이 되는 경우, 그 회사의 1년 매출이익은 단 며칠 만에 반토막이 나게 된다. 게다가 재고 처리 비용까지 더하면 오히려 손실이 발생하게 되는 것이다.

유통물류 시스템이 도입된 지금은 얼마만큼 생산하여 제품을 언제 출고 해야 할지 예측이 가능하기에 재고나 반품으로 인한 손실을 없앨 수 있다. 즉 반품이나 폐기가 그만큼 줄었다는 얘기다. 재고물품은 경제적 손실은 물론이고 환경문제까지 야기하기 때문에 무재고 시스템은 우리에게 꼭 필요한 시스템인 것이다.

이전에는 대리점을 통한 밀어내기나, 매장에서 팔리지 않은 물건의 반품처리가 일상적인 일이었다. 수많은 재고와 반품이 폐기처분 되는 것은 범국가적 손실로 이를 위한 대책은 시급히 마련되어야 했다.

1995년에 한 업체가 우리 회사의 물류센터를 이용할 때였다. 그 회사는 매출확대를 위해 각 점포에서 판매행사를 벌였고 한 번 행사할 때마다 전국 점포에 동시다발로 진행이 되었다. 슈퍼마켓에서 판매행사를 하면 물품을 생산하는 제조업체는 매출을 늘리기 위해 각 점포에 많은 수량의 물건을 배당하는 소위 밀어내기를 했다.

그리고 각 점포는 매장에 물건을 가득 쌓아 놓고 할인행사를 벌이지만, 그 물건이 다 팔리는 경우는 드물었다. 그렇게 행사가 끝나고 나면 다 팔리지 않은 물건들은 수십, 수백 박스씩 반품되는데, 반품된 그 물건들은 다시 우리 물류센터로 밀려 들어왔다. 더구나 심각한 문제는 그렇게 반품된 물건들은 때로는 박스가 터지고 훼손되어 상품가치가 없어져 버린다는 데 있었다. 공장에서 만들어진 새 물건이 무더기로 폐기처분되는 상황을 본 나는 거래처 임원에게 물류센터를 보여줘야겠다는 생각이 들었다.

"○○○상무님, 우리 물류센터에 같이 좀 가십시다."

무슨 일인가 의아해하는 그분께 센터를 보여드렸더니 되려 이렇게 반문하였다.

"지금 이 작업은 뭐하는 거죠?"

센터에서는 우리 회사 직원들이 반품할 물건들을 제조회사 별로 선별하고 있었고, ○○○상무는 놀라 눈을 크게 뜰 수밖에 없었다.

"지금 행사가 끝나서 각 매장에서 반품된 상품들을 반품하거나 폐기하기 위해 제조회사 별로 정리를 하는 겁니다. 보세요. 끈도 풀리지 않은 박스들이 반품되고 있습니다. 공연히 제품만 왔다 갔다 하면서 비용만 들고 재고만 늘리고 있습니다. 게다가 그 와중에 망가진 물건들은 폐기처분되어야 하구요. 이런 시스템은 개선해야 하지 않겠습니까."

그 임원은 입을 딱 벌리며 기겁을 했다.

"물론 이러면 안 되겠죠. 무슨 방법이 없을까요?"

"반품제도를 없애는 게 어떨까요? 3개월 동안 거래하면서 반품의 양을 계산해봅시다. 몇 퍼센트가 나오는지. 그렇게 하면 제조회사에서도 반품으로 인한 손실이 어느 정도 되는지 계산이 나오지 않겠습니까. 반품을 없애는 대신에 반품장려금제를 실시하는 겁니다. 반품을 안 하는 조건으로 공급가를 좀 낮춰주면 오히려 서로에게 더 이익이 되지 않을까요?"

제조회사와 유통회사가 서로 협의하여 반품적정선을 제시하면, 그 손실 보전의 한 방법으로 공급가를 조정해주니 반품이 줄어들어 주문이 자주 발생하고 상품공급이 더 활발해지는 효과를 보게 되었다. 이렇게 해서 우리나라에서 처음으로 유통업계의 고질적인 악순환이었던 반품 관행을 없앴는데, 이는 물류업계만이 아닌 우리나라 산업 전반의 효율성을 제고하는 데 조금이나마 기여했다고 생각한다.

유통물류 시스템에서 무반품 시스템을 갖추는 것도 중요하지만, 그보다 본질적으로 더 중요한 것은 정확하게 배송을 하는 것이다. 어찌 보면 당연한 얘기지만, 점포에서 주문한 대로 정확하게 배송을 해

• 냉장 물류센터에서 소분 시스템으로 피킹하고 있는 모습

야 하는데, 물류센터에서 분류 과정의 착오 등으로 인해 제품을 빼놓고 가져다주는 이른바 결품 등의 오배송이 생길 수 있다. 이렇게 오배송이 생기면 배송을 가서 정확하게 배송이 되었는지 다시 세어 보아야 하는 검품 과정을 거쳐야 하기 때문에 더 많은 시간과 노력이 든다.

그리고 더 중요한 문제는 오배송은 회사신용도를 떨어뜨린다는 것이다. 오배송율 0%를 위해 현재 아신에서는 디지털 피킹 시스템(Digital Picking Systems)을 이용하고 있는데, 현재 우리 회사의 결품률은 0.01% 정도다. 불량률 0의 도전, 그것은 첨단 산업계만의 목표가 아니다. 신용을 생명으로 여기고 있는 우리 아신 또한 정확한 배송을 위해 우리 아신의 가족들은 늘 점검하고 또 점검하고 있다.

🄰 유통물류에서 가장 중요한 것

우리가 우리나라에서 처음으로 물류 시스템을 도입했다고 하면, 물류라는 게 도대체 무엇인지 물어보는 사람들이 많다.

물류란 물적 유통(Physical Distribution)을 줄인 말로 생산자에서 소비자로 이어지는 일련의 행위들 전체를 일컫는 말이라고 볼 수 있다. 수송과 배송, 보관, 검품, 포장, 하역 등을 다 포함한다. 간혹 SCM과 물류, 혹은 로지스틱스와 물류를 구분하지 못하고 쓰이는 경우가 있는데 이 개념들은 다 조금씩 다른 특성이 있다.

SCM은 Supply Chain Management의 약자로 유통 전체를 관리할 수 있는 시스템이다. 로지스틱스는 SCM이라는 시스템을 기반으로 해서 인적 자원과 관리기능이 추가된 것이다. 로지스틱스는 물류가 가지는 기능을 더 효율적으로 활용할 방법을 계획한다는 점에서 물류보다는 좀더 포괄적 의미를 지닌다. 물론 회사명에 로지스틱스를 붙인다고 해서 다 로지스틱스형 회사는 아니다. 아직 한국에서는 이 두 가지를 혼용하는 경우가 많고, 유통이나 물류와 관련된 회사에 로지스틱스를 쉽게 상호로 쓰기도 한다. 하지만 로지스틱스의 의미는 단순한 공급을 넘어서 공급행위에 기획과 관리 개념을 부여한다는 것을 알고 써야 할 것이다. 택배는 물류의 전 과정이 아닌, 단순 수송을 일컫는 말인데도 마치 물류인 것처럼 인식되고 있다.

더 쉽게 말하면 물류란, 소비자가 원하는 상품을 원하는 시간, 원하는 장소에 공급하는 모든 행위라는 뜻이다. 그리고 물류도 제조회사와 유통 회사의 관계에 따라 몇 가지로 구분 할 수 있는데, 그 종류엔 2자물류와 3자물류, 도매물류가 있다. 2자 물류란 판매업체가 자신들의 자체 유통 시스템을 통해 물건을 배송하는 것을 말하고, 3자 물류는 물류만 전문으로 하는 회사가 대행하는 것을 말한다. 그런 점에서 우리 회사가 최초로 물류를 시작한 편의점 및 슈퍼에 대한 물류는 3자물류에 해당하는 것이며, 도매 물류란 각 점포에서 주문한 상품들을 유통물류회사가 제조회사로부터 직접 구입하여 각 점포에 공급해주는 시스템을 말한다.

우리가 유통물류 시스템을 구축하기 전의 우리나라의 유통구조를 보면 제조회사가 생산과 유통을 병행하는 이른바 대리점 체제를 운영 해 왔다. 그러다 보니 배송 비용이 커지고 효율성이 떨어지는 등 문제들이 많이 발생할 수밖에 없었다. 1990년 우리 회사가 전문적으로 물류를 담당하게 되면서 본격적인 전문 유통물류 시스템의 시대가 열리기 시작했다.

하지만, 유통물류 전문회사가 생겼다는 것만으로 바로 물류가 선진화되는 것은 아니다. 예전의 유통구조는 제조사가 생산한 제품을 소비자가 구매할 수 있도록 정해진 장소에 공급해주는 것이라면, 오늘날 유통물류는 소비자가 원하는 것을, 필요한 만큼, 원하는 시간에 갖다 주어야 하는 것이다. 여기서 가장 중요한 포인트는 '필요한 만큼' 가져다주는 것이다.

내가 슈퍼마켓 점주라 하고, 하루 판매하는 상품이 대략 A사 우유 15개, B사 우유 20개 정도라 하자. 그런데 기존의 방식대로라면 박스 단위로 주문할 수밖에 없기 때문에 A사 우유 1박스 20개, B사 우유 한 박스 30개를 주문할 수밖에 없다.

당연히 재고가 생기고, 유통기한이 지나게 되면서 결국 폐기처분할 수밖에 없기 때문에 점포에 막대한 손실을 입히게 된다. 설사 반품이 된다 해도 물건을 운반하는 과정에서 손실이 발생하니 그 또한 낭비인 것이다. 그런데 유통물류 시스템이 도입되면서 점주의 이러한 문제들이 완화되거나 해결 방식을 찾은 것이다.

아신 물류의 역사는 곧 우리나라 물류센터의 역사이기도 하다. 아신 최초의 물류센터는 1990년 9월 가락동의 한 상가빌딩 1층의 30평 공간이었다. 점점 물동량이 늘어나면서 주변의 곳곳을 임대하면서 사용할 수밖에 없었는데, 우리의 꿈은 제대로 된 시스템을 갖춘 자가 소유의 대형 유통물류센터를 직접 건립하는 것이었다.

그 꿈은 드디어 1994년 냉장, 냉동, 일배 식품 전용 물류센터를 판교에 지으며 이루어졌다. 하지만 판교 물류센터를 짓기까지 여러 고비를 넘어야 했는데, 첫 번째 맞았던 고비는 물류센터 건설자금 문제였다. 나는 자금을 빌리기 위해 시중은행의 문을 두드렸다.

"물류센터를 건축하려는데 장기 대출이 필요하다고요?"

은행 직원은 재차 물었다.

"그런데 물류센터가 뭐죠? 냉동 보관 창고를 말하는 건가요?"

"보관 창고가 아닙니다."

이제껏 본 적 없는 센터이니 아무리 설명을 해도 은행 직원은 받아들이지 못했다. 규정에 주택이나 사업자 대출이나 제조업체 공장에 대한 지원책은 있지만 물류센터를 짓는 데 필요한 대출 조항은 없다는 이유로 거절당했다.

궁리 끝에 다른 은행을 찾아갔다.

"앞으로 물류센터가 더 많이 필요해집니다. 우리나라 유통구조도 필요한 만큼 매일 공급하는 선진 시스템을 갖출 때가 왔습니다. 주문량 만큼만 공급할 수 있는 시스템이 필요해집니다. 점포에서 주문 넣고 제조사에서 제품을 물류센터로 보내면 전문 유통회사가 재분류해서 공급하기 때문에 물류센터는 앞으로 더 많이 지어져야 합니다. 아신에서 이 시스템을 대한민국 최초로 도입하여 성공적으로 운영하고 있기에 더 많은 공간이 필요한 겁니다."

사업에 대한 열정적이고 진정성어린 설명 덕분에 은행이 장기 저리 대출을 승인했다. 3년 거치 5년 분할 상환으로 10억을 대출해 준 것이다. 물류센터 건립자금으로는 내가 최초로 대출을 한 사람이 되었다. 당시만 해도 물류라는 용어 자체가 생소했기 때문에 은행의 대출계정 과목을 새로 만들기까지 하면서 말이다.

• 판교 물류센터 전경

유통물류라는 단어조차 낯설던 시절이었다. 제조사들은 유통물류에 대한 이해가 너무도 부족했다. 난 어디든 부르면 달려가 우리 시스템을 설명하고 더 발전하기 위한 제언을 아끼지 않았다. 기회가 있을 때마다 각종 세미나에 참석했다. 거기서 내가 주장하고 역설한 것은 딱 두 가지였다.

'앞으로 우리나라도 유통시장 개방에 대비, 선진화된 국내 유통시스템을 구축해야 합니다. 유통물류 산업을 발전시켜야 합니다.'와 '정부의 적극적인 지원이 필요합니다.'였다.

김영삼 대통령 시절, 이곳저곳을 찾아다니며 유통물류산업의 중요성을 외치며 다니고 있을 때였다. 하루는 정부의 국가경쟁력강화기획단이라는 곳에서 연락이 왔다. 들어가 보니 지금 하고 있는 물류시스템에 대한 설명을 하라고 했다. 정부에서 관심을 갖기 시작한 것이다. 유통물류에 대한 새로운 정책을 만들 수 있는 기회를 놓칠 수 없었다. 사업 설명회를 할 자료를 만들어 가서 얘기를 했다. 물류라는 것에 대한 전반적인 설명과 함께 그동안 내가 해온 경험과 생각들을 얘기하면서 마지막 부분에 가서는 왜 정부의 체계적인 지원이 필요한지를 역설했다.

국가경쟁력강화기획단에 다녀온 지 얼마 있지 않아 법이 제정이 된다. 유통산업합리화촉진법. 그 새로운 법에는 물류센터를 지을 때 장기저리 시설자금을 지원하도록 하는 조항도 있었다. 그리고 그 후 유통물류 사업에 뛰어든 많은 사업자들이 이 법 덕분에 지원을 받을 수 있었다.

이 법은 아신이 물류센터를 지은 다음에 만들어졌기 때문에 우리 회사는 별다른 혜택을 받지 못했지만, 나의 호소가 정부를 움직여 유통물류에 대한 법을 개정하게 되었고, 내 작은 노력이 우리나라 유통물류에 도움이 되었다는 사실에 자부심을 가지고 있다.

야산에 지은 기흥 물류센터

물류센터라고 하면 넓게 펼쳐진 평평한 땅에 지어진 건물을 떠올리곤 한다. 물류산업을 선도한 유럽이나 미국의 물류센터가 바로 그런 모습이기 때문이다. 하지만 기흥에 물류센터를 건립하게 되었을 때 우리는 평평한 물류센터의 고정관념을 깨뜨리는 도전에 직면했다.

당시 경부고속도로를 자주 왔다 갔다 했는데 그럴 때마다 나는 속으로 '언젠가는 이 고속도로 주변에 물류센터를 지어야겠다. 그렇게 되면 사람들이 고속도로를 오고 가면서 우리 아신을 쳐다볼 텐데.'라는 생각을 자주 했다. 경부고속도로는 우리나라 산업의 축이자 물동량의 중심이지 않는가.

꿈이라는 것은 간절하게 원하면 이루어지는 건지 갑작스럽게 판교 개발이 결정되면서 물류센터를 옮길 다른 지역을 알아봐야 하는 상황이 되었다. 판교 물류센터는 아신의 첫 물류센터였다. 물류센터를 처음 지으며 참으로 많은 시행착오를 했고, 부족한 자금에 고생도 많이 했던 곳이었다. 철골 하나, 나사 못 하나 박는 것까지 일일이 확인하며 현장에서 밤을 새워가며 정성으로 지었던 판교센터였다. 그렇게 힘들여 지은 물류센터가 수용된다니 안타까웠다.

하지만 늘 꿈꾸던 새로운 센터를 지어야 할 시점이 당겨진 것이라 여기고 여기저기 물류센터를 지을 땅을 보러 다녔다. 그러던 중 경부고속도로에 인접해 있는 야산이 눈에 띄었다. 경기도 기흥에 있었는데 위치는 나쁘지 않았다. 땅이 좋아 보여서 거기에 물류센터를 지으면 참 좋겠다는 생각이 들었다.

땅이라는 건 갖고 싶다고 해서 내 땅이 되는 것이 아니다. 땅도 인연이 있고 임자가 있다. 경부고속도로에 인접해 있는 기흥의 땅은 볼수록 탐이 났다. 기어이 저곳에 물류센터를 짓겠다는 생각마저 간절해졌다. 일단 땅 매입 가능성을 타진해 보기 위해 중개업소를 찾았다. 마침 그 땅은 팔려고 내놓은 상태였다. 하지만 막상 답사를 해보니 물류센터를 짓기에 좋은 땅은 아니었다. 산 구릉이어서 경사도가 꽤 있었고 땅 가격도 만만찮았다. 당시 가진 자금으로는 그 땅을 사기에 한참 부족했다. 땅을 분할하여 살 수 있는지도 물어봤지만 땅 주인은 전체 부지를 매입할 사람을 찾고 있었다.

땅 주인을 찾아가 담판을 짓기로 마음먹었다. 말이 담판이지 간곡히 말씀드리고 인정에도 호소하고 그분도 기업을 운영하시는 분이라고 하니 사업에 대한 비전을 얘기하며 설득할 셈이었다.

"회장님, 저는 우리나라에 유통물류 시스템이라는 걸 처음 도입했고, 이제 제대로 된 물류를 해보고 싶은 사람입니다. 그러기 위해선 이 땅이 꼭 필요합니다."

"필요하면 사면 될 것 아니오?"

"저도 그러고 싶지만 가지고 있는 자금이 땅 전부를 사기엔 부족합니다. 그리고 설사 제가 가진 게 충분하다 해도 제가 하고자 하는 사업이 당장 그렇게 많은 부지를 선투자해서 성공할 수 있는 사업도 아닙니다."

무슨 특별한 재주를 부리지도 않고 그저 내가 하고자 하는 사업에 대한 의지를 계속해서 말씀드렸다. 나중에 들은 얘기지만 주변에서도 나에게 힘을 많이 보태주었다고 한다. 그 땅을 무슨 부동산개발업자가 사는 것도 아니고 물류라는 사업을 하는 사업가가 사려는 거니까 웬만하면 넘기시라고 말씀들을 보태주었다고 한다.

이렇게 해서 부지를 확보하게 된 나는 쓸모없는 잡목들이 우거진 산을 바라보았다. 그야말로 구릉지 야산이었다. 건물로 치면 4층 정도 높이가 되어 보였다. 당장 물류센터를 지어야 하니까 땅을 사긴 샀는데, 막상 눈앞에 펼쳐진 야산을 보니 한숨만 나왔다. 부지가 마련되었다는 소식에 달려온 직원들도 땅을 보고는 뭐라고 말하지 못했다.

야산을 깎아 평평한 땅으로 고르려면 토목비용만 해도 만만찮을 것이었다.

거듭 연구하고 토론하였다. 우려를 표하는 의견들이 쏟아졌다.

"사장님, 잘은 모르겠지만 이 땅이 지금 물류센터를 지을 수 있다고 땅을 사신 겁니까?"

"제가 알기로도 일본이나 미국의 물류센터들을 보면 배송 차량이 잘 닿을 수 있도록 하기 위해서 평평한 대지에 1층 건물로 넓게 지어져 있던데, 이렇게 경사가 있는 산에 건물을 어떻게 앉히시려구요?"

물론 맞는 말이고, 물류 선진국에서 본 그네들의 물류센터 모습도 직원들 말 그대로였다. 하지만, 이 부지가 물류센터를 짓기에 적합한 공간인지 아닌지를 길게 논의할 시간은 없었다.

"여러분 의견에 충분히 공감합니다. 그렇지만 우리는 여기에 물류센터를 무조건 지어야 합니다. 비록 우리가 아는 기존의 물류센터처럼 평평한 땅은 아니지만, 지금 우리 앞에 놓여 있는 5천 평에 4층 건물 높이 정도 되는 야트막한 산은, 우리나라에서 최초로 지어지는, 그것도 초현대식 시스템이 구축되어 있는 물류센터로 지어져야 하는 겁니다. 이것이 현실화되면 중소기업이 좁은 땅을 효율적으로 활용하는 모범사례가 될 것입니다. 땅의 형태가 문제가 된다 해도 지금 방법이 없습니다. 반드시 센터를 지어야 한다고 생각하셔야 합니다."

다른 방법은 없었다. 무조건 이 땅에 센터를 지어야 한다는 것만 생각하다 보니, 야산의 능선을 잘 이용하면 오히려 구조적으로 더 좋은 물류센터가 될 수도 있겠다는 생각이 들기 시작했다. 원래 물류센터를 만든다고 하면 건물을 평평하게 옆으로 넓게 뻗어나가게 짓는 것이 일반적인 상식이었다. 미국과 유럽 등에서 본 물류센터도 그랬다. 그래야 건물에 차를 대기도 편하고 나중에 땅값이 올라서 부동산 가격 면에서도 이득이 된다는 것이다. 그런데 우리나라는 외국의 방식을 똑같이 적용하기에는 무리가 있었다. 땅값도 비싸고 규제도 심하기 때문이었다.

물류센터의 핵심은 배송 차량이 건물에 얼마나 효율적으로 접안을 할 수 있느냐 하는 것이다. 200, 300개의 점포에 새벽 일찍 물품을 배송해주려면 수십 대의 차량을 동시에 도크에 대어 빨리 실어 보내야 하기 때문이다. 그리고 또 한 가지 중요한 것은 온도관리인데, 물류센터에서 차로 물품을 이송할 때 온도 편차가 심하면 상품의 품질도 변화가 생길 수 있다. 그래서 최대한 차가 센터 건물에 밀착되어 온도변화가 없도록 해야 했다. 그래서 물류센터는 온도가 일정하게 유지되도록 시설을 하고 차량도 냉장, 냉동 차량을 이용하여 제품을 싣고 내리는 사이에 온도 변화가 생기지 않도록 차와 창고를 완벽하게 밀착시켜야 한다.

이런 생각을 가지고 어떻게 건물을 지을 것인가를 계속 생각하다 보니, 오히려 구릉진 땅이 개발만 잘 하면 장점이 될 수 있겠다 싶었다. 능선을 계단처럼 이용한다면 모든 층에 곧바로 차량 접안이 가능할 것 같았다. 일반적으로 생각할 때 차에 짐을 실으려면 1층이어야 했지만, 이 구조에서는 차가 능선을 올라가면 2층, 3층에서도 접안이 가능한 것이다. 그렇게 해서 결국 3층에도 도크를 만들었다. 2000년 최종 완

• 야산의 경사로를 활용해 물류센터의 모범사례가 된 기흥물류센터

성이 된 물류센터는 지하에서 지상까지 총 4층 규모였다.

지금은 많은 사람들이 물류센터를 지으려고 할 때 오히려 야산을 찾아 우리 센터 방식으로 개발을 한다. 토목 공사비도 저렴하게 들어 비용 절감도 된다는 장점이 있는 것이다.

평생 살 집을 짓는 마음으로 기흥 물류센터의 거의 모든 공사 과정에 하나하나 정성을 다했다. 꼼꼼히 확인하고 또 점검했다. 터를 파는 건 크게 어려울 게 없었고 판교 물류센터를 지어봤던 경험도 많은 도움이 되었다. 자재 관리도 우리가 하고 기술자도 직접 고용하여 건물을 지었다. 이렇게 공정을 직접 관리하다 보니 당시로서는 가장 최첨단의 초현대식 시설을 갖춘 물류센터였지만 건설비용을 30% 정도 절감 할 수 있었다.

나중에 들은 이야기로 한 업체는 우리가 만든 물류센터와 비슷한 시스템의 일본 물류센터의 설계도를 구입해서 지었는데, 그 금액이 자그마치 20억이 들었다고 한다. 사람들은 어떻게 산의 능선을 이용하여 센터를 지을 생각을 했느냐며 놀라워했다.

편의점을 바꾼 아신의 콜드체인 시스템

　생각해 보면 새로운 것은 멀리 있는 것이 아니다. 지금 내가 처한 상황에서 딱 한걸음만 벗어나면 새로운 것을 만날 수 있다. 여태껏 평평한 대지에 짓던 물류센터를 구릉지에 지을 수 있었던 것 또한 작은 생각의 차이였다. 돌아보면 시작은 작은 차이였지만 결과는 커다란 차이로 나타나곤 했다. 대한민국 편의점의 매출구조가 바뀌고 인기가 상승하기 시작한 것 또한 작은 것에서 비롯되었다.

　지금이야 모든 것이 당연한 것이라 생각하지만, 물류사업 초창기엔 모든 것이 하나하나 새로운 시도였다. 무엇보다 가장 시급했던 것은 상품의 신선도를 유지하는 것이었다. 하지만 초창기엔 시설이 제대로 갖춰지지 않은 탓에 온도를 맞추는 데 많은 고생을 해야 했고 그 때마다 언젠가는 최고의 시설을 갖춘 초현대식 물류센터를 지으리라 생각했다. 그래서 물류센터를 지으면서 가장 중요하게 생각한 것은 완벽한 온도 제어 시스템이었다.

상품의 배송 과정에 온도 변화가 없도록 하기 위해 센터에서부터 운송 차량까지 같은 온도가 유지 되도록 하는 콜드체인 공급시스템을 처음 시도한 것도 아신이었다. 뿐만 아니라 식품을 취급하는 데 가장 위생적인 건물을 만들기 위해 작업장에서도 먼지가 나지 않는 공기정화 시스템도 구축했고 냉동 센터도 닥트시설을 완벽하게 만들어 작업자들에게 직접 찬바람이 쏘이지 않도록 하였다.

대부분의 기업들이 아이스크림 같은 냉동식품이나 냉장식품을 오토바이나 일반 차량으로 배송하던 1990년대. 우리는 제품이 최고의 신선도를 유지할 수 있도록 콜드체인 시스템을 갖추었던 것이다. 미국이나 일본 같은 선진국의 첨단 시스템에 뒤지지 않는 유통물류 시스템이었다.

기존에는 제조회사에서 제품이 도착하면 차에서 내리고 실을 때 마다 온도 변화가 있었다. 그래서 기온이 30도가 넘는 한여름엔 배달 도중 아이스크림이 녹는 일이 왕왕 발생하곤 하였다. 하지만 아신의 기흥 물류센터에서 출발한 아이스크림은 공장에서 갓 만들어진 그 상태로 소비자에게 전달될 수 있었다. 아신의 콜드체인 시스템 덕분이었다. 제조 공정에서 만들어진 제품이 최고의 상태 그대로 소비자에게 전달되어야 한다는 것은 우리 아신의 철학이었다.

아이스크림 뿐만이 아니었다. 기온이 올라가면 샌드위치나 김밥 또

한 위생적인 상태로 배송을 하기 어려웠다. 그러다 보니 편의점에서 변질된 음식이 판매되어 식중독을 일으켰다는 뉴스가 가끔 나오곤 했다. 하지만 아신의 콜드체인 시스템으로 공급받는 편의점엔 그런 일이

• 콜드체인 시스템을 갖춘 아신의 기흥물류센터

없었다. 콜드체인 시스템이 갖춰진 기흥센터 건축 후에는 샌드위치나 김밥, 도시락 등을 최적의 온도를 유지하면서 위생적이고 안전하게 공급할 수 있었기 때문이었다.

이렇게 시설을 갖춘 기흥센터에서 신선식품을 취급하면서 김밥이나 샌드위치 같은 신선식품에 대한 소비자의 인식도 많이 달라지기 시작했다. 변질된 음식이 소비자 눈에 띌 일이 없어졌기 때문이었다. 게다가 가장 맛있는 적정 온도를 유지하니 소비자들의 만족도도 높아졌고, 소비자의 만족도 증가는 매출 증가로 이어져, 생산을 하는 제조회사의 수익으로 이어지는 결과를 가져왔다.

유통물류 시스템의 발전을 통해 편의점에서 가장 각광을 받게 된 대표적인 상품 중의 하나가 바로 삼각김밥이다. 삼각김밥이 나온 초창기만 해도 잘 팔리지 않았다. 김밥이 삼각형 모양이라는 점도 소비자들에게는 낯설 수밖에 없었지만, 운반이나 판매과정에서 변질된 제품이 발견되어 위생과 품질에서 소비자들에게 믿음을 주지 못하였다. 그러던 것이 물류의 시스템과 함께 철저한 위생관리가 이뤄지면서 안전한 먹을거리라는 인식이 서서히 퍼지게 되고 삼각김밥의 인기가 올라가며 이제는 편의점에서 가장 대표적인 상품으로 자리잡았다.

콜드체인 시스템이 안착되며 삼각김밥 외에도 편의점 인기 상품으로 자리잡은 제품들이 많다. 김치 같은 경우 포장기술이 발달하지 못했던 시절에는 유통 과정에서 부풀어 오르게 되는 일이 잦았다. 그러나 포장기술의 발달로 이런 문제점이 해결되었는데 제대로 된 물류 시스템의 구축과 함께 제조 기술도 발전 또한 편의점의 신선식품 매출을 끌어올린 요인이기도 하다.

소비자가 만족스럽게 사용할 수 있도록 제조공정에서 만들어진 제품의 품질이 그 상태 그대로 유지되어 소비자에게 전달하는 것이 제대로 된 유통물류이다. 특히 식품은 최상의 맛과 향을 유지할 수 있는 적정 온도를 유지하여 소비자에게 전달되도록 해야 한다. 모든 제품을 원래의 품질 그대로 최적의 상태로 소비자에게 전하는 것. 바로 이것이 우리 아신이 가장 중요하게 생각하는 유통물류 철학이다.

우유를 생각해보자. 예전에는 가정마다 배달을 시켜서 새벽에 도착한 우유를 먹었다. 점포 유통과정 중에 변질되는 일이 종종 발생하다 보니, 가게에서 파는 우유를 믿을 수 없었다. 신선한 우유를 먹을 수 있는 가장 좋은 방법은 새벽에 대리점에서 직접 배달해주는 우유를 먹는 것이었다.

지금은 배달 우유를 먹는 집이 드물다. 굳이 새벽에 도착하도록 배달을 하지 않더라도 언제 어디서나 편의점이나 슈퍼를 가면 신선한 우유를 살 수 있기 때문이다. 바로 이런 것이 물류의 혁신으로 인한 변화인 것이다. 그리고 그것이 가능한 이유는 한국의 유통물류 시스템에 콜드체인 시스템이 도입되었기 때문이다.

찜통더위가 기승을 부리던 어느 여름에는 보름 넘게 30도를 넘는 무더위가 계속되면서 창고의 실내 적정 온도가 좀처럼 아래로 내려가지 않는 일도 있었다. 선풍기도 에어컨도 소용없을 정도로 뜨거운 날씨는 물류센터를 꼭 제대로 지어야겠다는 생각을 굳히게 했다.

제대로 된 시스템을 갖추어 온도 조절이 가능해진 건 판교에 물류센터를 지으면서였다. 첨단 시스템을 갖춘 우리 회사의 물류센터를 짓는다는 것은 마치 생애 처음 집을 장만할 때의 느낌이었다. 설레고 뿌듯했다. 현장에서 수없이 밤을 새우며 건설을 독려했는데, 설계할 때 무엇보다 많은 힘을 쏟았던 것이 온도제어 시스템이었다.

센터 전체가 일정한 온도를 맞출 수 있도록 하는 것이었는데, 냉동센터는 냉동으로, 냉장센터는 냉장으로, 상온센터는 상온 그대로 모두 일정한 유지되게 하는 게 건축 핵심이었다. 겉모양으로 보면 일류 디자인 회사처럼 멋있지는 않지만 내부만큼은 최첨단 시설로 지어야만 했다. 그것이 우리 유통 사업을 더 크게 확장시킬 수 있는 발판이 될 터였다.

당시 우리의 판교 물류센터는 업계 사람들에게 큰 화제를 몰고 왔다. 최첨단 물류센터가 생겼다면서 견학을 오는 사람들로 늘 물류센터가 붐볐다. 대기업에서도 견학을 와서 우리가 도대체 시설을 어떻게 지어놓았는지 유심히 살펴보고 갔다. 이후 새로 지어진 물류센터들은 온도제어 시스템을 갖추게 된 것을 보면서 아신이 업계에서 늘 새로운 시도를 하는 리더의 위치라는 것을 실감할 수 있었다.

신뢰를 심는 자동 분류 & 피킹 시스템

콜드체인 시스템은 '상품을 최적의 상태로 소비자에게 전달해야 한다'는 아신의 기업철학을 입힌 제1호 시스템이다. 그리고 아신이 놓치지 않아야 할 또 하나의 중요한 철학은 신뢰와 정확성이다. 우리가 아무리 상품을 빠른 시간 안에 신선한 상태로 점포에 배송해도 엉뚱한 상품이 배송되거나 주문한 상품을 빠트린다면 점주에게 피해가 갈 것이며 점주는 아신을 믿지 못하게 된다. 전자회사의 반도체 불량률 0% 도전만큼이나 우리 아신의 오배송률 0% 도전도 중요하다.

우선 제품을 정확하게 분류해야 한다. 대체로 소매점에서는 박스 단위로 주문을 하지 않고 낱개 단위로 주문한다. 그러면 박스로 되어 있는 각 제품들 중에서 주문이 들어온 개수만큼 정확하게 재포장해서 배송을 해야 한다. 자동분류 피킹시스템을 도입하기 전에는 이 과정 전체가 사람의 손을 거쳤다. 점포별 주문 리스트를 보고 눈으로 확인하며 상품 하나하나 수작업으로 작업하다보니 실수가 많이 생기곤 했다.

새 작업자가 오기라도 하면 일이 손에 익기 전까지 실수도 더 잦았고, 교육에도 많은 시간을 투자해야 했다. 수작업 방식은 아무리 작업관리를 한다해도 오배송율을 줄이기 어려웠다. 사람의 손으로 일일이 분류한다는 것은 한계가 있었다.

실수를 최소화하는 분류작업 시스템이 절실했다. 아신은 디지털 피킹 시스템을 도입해서 피킹교육 시간을 줄이고 정확하게 작업을 하도록 환경을 개선했다.

디지털 피킹시스템(Digital Picking Systems)은 센터에 물건이 입고되면 자동으로 제품의 바코드를 읽어 컨베이어 벨트를 통해 품목별로 제품이 분류된다. 그리고 전산으로 처리된 점포별 주문수량이 자동으로 표시되면 그에 따라 주문 개수대로 점포별로 재분류된다. 재분류된 물건들이 각각의 카트에 채워지면 비로소 사람이 래핑 작업을 한다. 그 후 각 지역별로 집하하면 배송 차량이 자신이 담당하는 점포 분량을 싣고 출발하는 것이다.

지금이야 대부분의 물류센터들이 이런 시스템으로 물건들을 자동 분류하고 있지만 아신은 그간의 피킹 경험을 통해 사람의 손을 거치는 단계에서 실수를 줄이는 노하우를 축적해왔다.

현재 아신은 유통 대기업에서 운영하는 슈퍼에 식품과 비식품을 통틀어 대략 90%의 제품을 공급하고 있는데 종류만 해도 수만 가지가 되다보니 이 많은 제품을 분류한다는 것이 결코 만만한 일이 아니다.

아신의 수작업과 디지털의 조화 노하우는 점포에게만 이로운 것이 아니라 회사에도 매우 필요한 일이고 아신이 사회적 기업으로 한걸음 더 나가는 기업이 되는 데 일조하였다. 2011년에는 '잡월드 베스트 600'에 선정되었다.

뿐만 아니라 2013년 서울시 일자리창출 우수기업에도 선정이 되었다. 모든 것이 자동화되어 있기 때문에 소정의 교육만 받으면 누구나 쉽게 일할 수 있다. 우리 센터에서 일하는 주부 사원들은 한번 일을 시작하면 특별한 일이 없는 한 10년, 15년 이상 근무한다. 그러면서 아이들을 대학까지 보낸다. 생활 패턴을 고려하여 아이들을 학교에 보내고 남편을 출근시키고 오전 10시에 시작하여 저녁 6시까지 일하고 퇴근하도록 출근시간을 조정하였다. 일자리가 생기면 누구나 와서 손쉽게 일할 수 있는 시스템을 마련한 것이다.

'최강의 중소기업' 600곳 선정

한국 최고의 중소기업군(群)으로 평가할 만한 '잡월드 베스트 600' 소속 기업은 조선일보와 IBK기업은행이 인사컨설팅업체인 머서(Mercer)와 공동으로 5개월간 평가작업을 해서 선정했다. 기업의 자산·매출액·신용등급 등 경영지표에 대한 평가를 기본으로 하고, 급여 수준과 복리후생, 회사에 대한 만족도 등을 함께 고려해 '일하기 좋은 중소기업'을 엄선했다.

우선 기업은행의 19만여개 거래 중소기업 중 ▲자산 70억원 이상(개인기업 20억원 이상) ▲종업원 10명 이상 ▲신용등급 BB+ 이상 ▲설립 후 3년 이상 등 4가지 조건을 동시에 충족하는 기업 6270곳을 추렸다. 이 중에서 신용등급

이 높은 기업일수록, 또 자산과 매출액이 많을수록 높은 점수를 받았다. 전국 600여개 기업은행 영업점과 머서는 총 97개 항목의 심층 설문조사와 현장조사를 통해 기업의 근무환경과 복리후생 현황을 조사했다. 직원들에게는 직업안정성·근무환경·일과 생활의 균형·경력개발 여부·조직성장의 비전·일과 조직에 대한 몰입도 등을 물었고, CEO들에게는 직원들에 대한 급여·복리후생과 교육지원활동 등을 조사했다.

박형철 머서코리아 대표는 "구직자들은 직장을 선택할 때 안정성·성장성도 중시하지만 얼마만큼 복리후생 수준이 높은지, 또 자아를 실현하기에 적합한 곳인지 등을 종

합적으로 감안한다"며 "기업 한 곳당 총 20개 평가 항목에서 점수를 매긴 뒤 이를 합산해 여러 가지 면에서 고른 우위를 보이는 중소기업을 선정했다"고 말했다.

'잡월드 베스트 600' 기업의 평균 매출액은 우리나라 중소기업 평균 (174억원·2010년 7월 정부합동조사)보다 2배 가까이 많은 304억 5000만원이었다. 기업의 규모와 가치를 가늠할 수 있는 자산은 1곳당 평균 275억7000만원으로, 외감기업 기준(70억원 이상)의 약 4배 수준이었다. 전체 600개 기업 가운데 매출액이 300억원을 넘는 기업이 0.5%(183곳)였고, 자산이 300억원을 넘은 곳도 23.5%(141곳)에 달했다. (조선일보 2011년 1월 1일자 기사)

투명한 거래 시스템

"사장님, 무자료 거래하면 사장님도 좋고, 저희도 좋지 않습니까. 좀 편하게 거래하자고요."

거래를 하다 보면 유혹의 손길을 뻗어오는 일들이 종종 생긴다. 대표적인 게 무자료 거래를 제안하는 경우이다. 그럴 경우 나의 답변은 단 하나다. "저희는 무자료 거래는 일체 하지 않습니다."

아신은 무자료 거래를 하지 않는다. 세금 계산서를 떼지 않는 무자료 거래는 탈세이기 때문이다. 물론 무자료 거래를 하면 당장은 이익이 된다. 우선 부가세를 내지 않게 되니 10% 이익에, 매출이 잡히지 않으니 그에 따르는 각종 세금을 내지 않아도 된다. 하지만 좀더 길게 보면 탈법이나 불법은 언젠가 반드시 기업의 발목을 잡게 되어 있다. 더구나 내가 불법을 저지른 사실을 직원이 알게 된다면 약점 잡힌 리더가 어떻게 조직을 제대로 움직일 수 있겠는가? 경영자로서 영이 서지 않을 뿐 아니라 결국 직원에게 휘둘리는 결과를 초래할 뿐이다. 세

금뿐 아니라 내가 떳떳하지 않으면 세상을 당당하게 살 수 없다. 눈앞의 이익에 현혹 되면 결국 언젠가는 그 대가를 지불해야 한다.

모든 산업이 그렇겠지만 특히 유통물류 사업은 그 특성상 투명할 수밖에 없다. 한 개 주문이 들어오면 한 개를 공급하고, 두 개 주문이 들어오면 두 개를 공급하는 시스템 속에서 거래점포가 매출을 속이지 않는 한 우리 회사의 매출을 속일 수 없다. 투명한 거래 시스템은 점포나 본사, 아신 3자 모두에게 투명경영의 지표를 제시하고 있다. 아신과 거래하는 회사는 모두 투명할 수밖에 없는 시스템을 아신이 구축한 데에서 또 한 번 경영인으로서의 자부심을 느끼고 있다.

이를 바탕으로 우리 아신과 거래한 기업 모두 성공판로를 걷고 있다. 실제로 우리 회사와 거래를 하면서 시작했던 많은 회사들이 유통회사로서 탄탄하게 자리를 잡고 있다. 그 성공이 100% 아신 덕분은 아니지만 적어도 아신의 시스템과, 거래 회사가 성공해야 우리도 성공한다는 동반성장의 철학 아래, 아신 가족들의 헌신적인 노력이 그들의 성공에 커다란 밑거름이 되었다고 자부한다.

이 나라에 유통물류 시스템이라는 것을 처음으로 도입하고 운영을 해온 과정을 거칠게나마 정리를 해놓고 보니, 여러 가지 생각이 떠오른다. 그때 만약 내가 다른 결정을 내렸다면 나는 과연 어떤 길을 갔을까. 사회에 첫 발을 내디딘 직장이 어려워지지 않았다면? 창업을 선택하지 않고 계속 직장인으로 살았다면? 그때 추풍령 고개에서 우리 회사 차가 전복되는 사고가 없었다면? 일본에 가지 않았다면? 편의점을 보고도 다른 생각을 했다면? 지금의 내가 이 자리에 있는 것은 수많은 우연과 우연들이 씨줄과 날줄로 엮여 유통물류라는 필연의 이름으로 현실화된 것이 아닌가 생각한다.

혹자는 나에게 일본에서 본 유통물류 시스템을 그대로 수입한 것 아니냐고 묻기도 한다. 같은 것을 보았는데 다른 결과가 나온 것은 단순한 모방이 아닌, 우리나라 실정에 맞춘 재창조였기 때문이다. 일본에 건너가서 편의점에서 발견한 건, 그 안에서 인기리에 판매되고 있던 특정한 제품이 아닌 일본의 유통 구조를 만든 시스템이었다. 되돌아보면 아신의 30년 세월은 소비자와 공급자 모두에게 이익이 되는 무형의 사업 부분을, 물류라는 말조차 생소했던 시기에 척박한 유통 환경 속에 들여와서 수많은 시행착오를 거치며 우리 실정에 맞는 한국형 유통물류를 만들어 가는 과정이었다.

아신의 역사는 바로 대한민국 유통물류의 역사였던 것이다

언론에 비친 (주)아신의 이미지

● 매일경제, 동아일보 1995년   매일경제 2001년   ● 매일경제 1998년, 연합뉴스 2001

● 물류신문 2002년, 파이낸셜뉴스 2003년

유 통

1998년 11월 18일 수요일 **매일경제**

제3회 한국유통대상 수상업체

420여개 업체에 日配물류

특별상부문 / 아신

김홍규 사장

아신은 대형 제조업체가 자체하는 취약한 국내 유통산업 분야에서 물류배송을 이룩한 도매배송 업체 또는 보기드문 성공한 기업으로서 업계의 부러움을 사고 있다.

80년 냉장·냉동을 중심으로 육상 물류사업에 뛰어든 아신은 90년대 들어 권혁성, 편의, 할인점 등등 새로운 환경변화의 주역을 담당하여 대응하는 물류센터 건설 등에 앞장서 왔다. 업계 특유의 91년 대형제조업체를 대상으로 냉동·냉장 일배송을 시작하였고, 이를 위해 공동집배송시스템을 도입하였다.

또한 90년에는 유래없는 업체로 꼽아야 93년에는 백화점 업체로 이를 확대할 수 있게 돼 아신의 일배 물류 서비스는 대형 유통업체에도 인정받게 됐다. 여분에 지금은 농축산업의 물류사업본부의 물류관리의 업무까지 맡은 국내 물류업계 사업까지 맡게 됐다고 아신측은 소개한다.

97년 말 현재 아신의 대형업체 시 냉동할 수 있는 설비, 냉장창고의 아신은 관리하는 국내최대 규모의 시설로서 200여 종의 일배송 아신은 물류서비스 시장에 으로 물류의 초과 규모와 유통설비를 높이는 중요한 기능을 하고 있다며 "효과적인 서비스에서는 무엇보다 위협을 유지 있는 첨단설비와 정확도를 …수…는 물류특성보관의 시스템…라고 말한다.

모임은은 말할 필요도 없다. 특히 경기도 분야에서… 내…지… 제품을 비롯해 육가공품 제품들은 총 1350여 가지 시에 보급할 수 있어 아신 물류 서비스의 핵심 가치다, 이 밖에 경기도 공주 1800여 평 규모의 냉동물류 시설을 갖추고 있다.

아신 물류사업은 "일배물류" 업체의 물류비용과 시간을 높여 가는 중요한 기능을 하고 있다…

'98 국제종합물류전 11일 개막

⊙연합뉴스 기사입력 1998-12-09 10:39

개막

(서울 = 연합) 金權溶 기자 = '98 한국 국제종합물류전이 11일 오전 10시 李珪昇 설교통부 장관과 물류부문 인사들이 참석한 가운데 서울 강남구 대치동 한국종합전 시장 1층 태평양관에서 개막된다.

9일 건교부에 따르면 한국물류협회와 한국종합전시장의 공동 주최로 오는 14 일까지 열리는 이번 국제종합물류전에는 국내외 40여개 물류업체들이 참가, 물류 장비, 물류 표준화, 정보화에 대한 신기술이 대거 선보인다.

이번 행사기간중에는 또 건교부와 교통개발연구원 등이 후원하는 국제물류 도 개최돼 국내외 물류부문 전반에 대한 폭넓은 정보교환이 이루어진다.

행사 첫날인 11일에는 물류부문의 발전에 기여한 공로로 ㈜한진, 고려해운㈜ 통운국제물류㈜, 대한산업㈜, 아신㈜이 대통령 표창을, 서영주정㈜와 동원 국무부문 표창을, 건설교통부 장관 표창은 광양선박㈜과 용마유통㈜ 등이 상활 예정이다.

물류신문

(주)아신, 원스톱 종합물류센타 개장

2002년 11월 23일 (토) 00:00:00   물류신문

지난 1991년 국내 최초로 냉장·냉동 일배상품 전문물류를 시작한 이후 1…
교물류센타를 구축하여 물류산업의 초석을 다지고 올해 10월에 제2물류…
전문물류사로는 최고의 시설을 갖추게 된 (주)아신(대표이사 일홍규)이 냉…
냉동,상온상품을 원스톱으로 처리할 수 있는 2,600평규모의 종합물…

이번에 ㈜아신이 **최고의 시설, 원스톱 처리**
전문물류사로는 국내 최대 규모의 시설로써 대지면적 5,000여평…
관리할 수 있는 2,600평 규모의 철판물류시설로 건축되었으며일배…
㈜아신이 수년간 물류경험을 토대로 건축한 이번 물류센타는 지…
여 각층에 모든 수·배송차량이 상하차 할 수 있도록 건축되었으…
도와 차단되도록 설계되어 있다.

(주)아신의 물류센터 시설은 층 단면 콘보이는 것을 최첨단…
장창고의 최대 단점인 맹종된 온도공급, 건조화, 토린 등을…
할 수 있는 최첨단 닥트시설로 해결 한 것이다. 이밖에 모…
…수…드들로 불리 설계되었고, 항구 내외부의 온도차를 완…

최첨단 닥트시설, 최소 6시간 이내 점포별 신속 배송

신선식품(유제품류,일발류등)을 최소 6시간이내에 고객의 손에 다다를 수 있도록…

[제30회 상공의 날-은탑] 김홍규 아신 회장

파이낸셜뉴스 | 기사입력 2003-03-19 18:40 | 최종수정 2003-03-19 18:40

김홍규 아신 회장은 도매물류업(VENDOR)의 선구자다. 김회장은
경쟁력 강화를 위해 민간기업으로는 국내 최초로
도매물류사업(VENDOR)을 도입했다.

80년대말 냉장,냉동식품을 최…
는 현실에서 전근대적인 유통…… **선진유통물류시스템 도매물류사**
불가능했다.

김회장은 이같은 국내 유통업계의 현실을 직시하고 미국,일본,유럽의 유통을
스템을 벤치마킹하여 국내 최초의 냉장·냉동일배상품 전문벤더 물류업을 시작
다. 김회장은 이어 수퍼마켓, 백화점,할인점 일배식품 전문벤더 물류업을 시…
품을 도입하여 다품종 소량 다빈도 배송)을 구축, 거래 소매점들에게 매일 신선한
품을 공급하는 등 점포의 경영 안정화 및 가격경쟁력을 극대화시켰다.

이런 공로로 김회장은 제30회 상공의 날… 은탑산업훈장을 받았다. 현재 수퍼마켓,
편의점,할인점등 1147개소에… 산품,아이스크림 및 신선상품을 유제품,육가공품,농수산물,가…
용량만 10000여… 냉동공
…500여종의 상품을 공급하고 있으며 년간 처리를…

대한민국 성공 CEO 100人

'ASEEN' 김홍규 대표

신선, 냉장, 냉동, 상온
식품 물류분야의 선두기업

신선, 냉장, 냉동, 상온상품을 단일센터에서 취급

DPS, DAS시스템

동북아 전문 Vendor 로 발돋음하다!
(주)아신, 전북세계물류전시회를 통해 제 3의 도약 준비.

신인석 기자 story2021@klnews.co.kr

냉장, 냉동, 상온 식품 물류분야 선두기업인 (주)아신(ASEEN Corp 회장 김홍규)이 동북아 중심 1등 유통/물류 업체로 도약하기 위해 전북 새만금군산산업전시관에서 10월 10일부터 14일까지 열리는 세계물류전시회(이하 LOGEX)에 참가하여, 온도관리가 필요한 식품에 대한 유통/물류관련 상담과 컨설팅을 실시한다고 밝혔다.

이번 LOGEX에서 (주)아신은 동북아 냉동, 냉장, 상온식품에 대한 물류비 절감 방안을 국내외 바이어를 대상으로 상담 하고, 컨설팅 서비스를 제공하기도 했다. (주)아신의 한 관계자는 "이번 군산 LOGEX를 통하여 새롭게 도약 할 수 있는 제 3의 성장의 발판을 준비하고 있다."고 말해 이번 LOGEX에 많은 준비를 하고 있음을 암시했다.

(주)아신 김홍규 회장은 "이번 전시회에서 (주)아신이 가지고 있는 물류 Know-how와 정보시스템을 통하여 온도관리가 까다로운 식품운송 및 배송이 필요한 기업과 해외 바이어를 대상으로 상담하고, 국내 물류전문 Vendor로 성장을 늦추지 않을 것이다. 또한, 국내 물류발전을 위해 (주)아신의 명성을 이어나 갈 계획이다." 라고 말해 현재에 만족하지 않고 앞으로 유통/물류전문회사로 더욱더 발전해 나가기 위해 끊임없는 노력을 경주할 것을 표명하였다.

일요저널미디어 2009년

물류신문 2007년

아주경제, 동아리빙홀 2010년

이데일리 2012년

"도매물류 활성화로 시장 선진화에 앞장"

김홍규 아신 회장

"우리나라에는 페덱스나 UPS 같은 세계적인 물류 기업이 나오지 못하고 있습니다. 보다 체계적이고 차별화된 서비스로 물류시장 선진화에 앞장 서겠습니다."

(주)아신, "도매물류 활성화로 경쟁력 확보"

국내 도매 배송 1호…고객맞춤 물류시스템

ASEEN 아신

"도매물류 활성화를 통해 중소유통 및 중소가공비의 경쟁력 확보고 상호 발전할 수 있는 상생모델 창출할 것입니다."

중기 마케팅 도우머
원윈 성장

(주)아신 김홍규 회장

대형화, 종합화로
경쟁력 갖춰

중소유통과 도매물류 동반성장 방안

동네수퍼 살리기 제안

김홍규 아신 회장 "민미애제에서 처음 광범위 반격"
무너·수퍼 공존위기 "구매대행 시스템 모델"

AWARDS | 수상내역

1998년 물류대상 대통령 표창

2003년 은탑산업훈장 수훈

2006년 우수도매 배송서비스 사업자

2013.12 **중소기업경영대상 수상** (서울경제신문, 대한상공회의소 주최)

2013.10 **중소기업청 나들가게 시범사업장 지정**

2012.12 **제17회 한국유통대상 지식경제부장관상 수상 '도매상 · 대리점' 부문**
(주최 : 대한상공회의소)

2011.02 **'일하기 좋은 중소기업'에 선정** (주최 : 중소기업은행, 조선일보)

2009.07 **삼성테스코 Homeplus 베스트 패밀리**

2008.02 **GS Retail 베스트 협력사 선정**

2007.11 **경영혁신형 중소기업 인증**

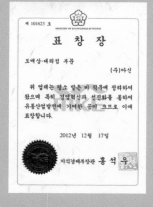

2007년 경영혁신 중소기업 인증   2012년 지식경제부 장관상   2013년 중소기업경영 대상

2006.08   산업은행 유망중소기업 지정

2006.04   산자부 우수도매 배송서비스 사업자

2006.03   KDB 유망중소기업 지정

2003.03   제30회 상공인의 날 은탑산업훈장 수훈

2001.05   산자부 도매 배송업자 제 1호 지정   1998.12   98年 물류대상 대통령 표창 수상

1998.11   산자부 제3회 유통대상 특별대상 수상

1995.10   제 1회 한국능률협회 유통경영대상 수상

1980.01   법인설립

ㅎ

2부

골목상권을 사로잡는
ASEEN의 성공전략 10

투자와 투기를 구분한다

"사장님, 저희가 자금 지원해드린다니까요. 필요하시면 얼마든지 말씀하세요."

"말씀은 고맙습니다만, 괜찮습니다. 저희는 괜찮습니다."

"아니 지금 다른 회사들은 자금이 없어서 죽겠다고 난린데 정말 괜찮으십니까?"

"그럼요. 저희는 걱정 안 하셔도 됩니다."

IMF 외환위기 때였다. 수많은 기업들이 외환 위기의 칼날에 쓰러졌고, 걸음마 단계인 유통물류 업계의 많은 회사들도 뿌리를 내리지도 못한 채 고사하고 말았다. 지금은 기업 간 거래에 어음이 많이 줄었지만, 당시엔 기업에서 결제할 때, 3개월 6개월 어음으로 주는 것이 관례였다. 어음을 받은 기업은 당장 현금을 써야 하기 때문에 할인은 하는데, 이 어음들은 어느 회사에서 발행한 어음이냐에 따라 할인 수수료

차이도 컸다. 우리 회사의 경우 대부분 대기업과 거래를 하고 있었기 때문에 우리 어음은 시장에서 좋은 할인율에 현금화할 수 있었다.

당시만 해도 은행 이율이 10%가 훨씬 넘도록 높았고 인플레이션이 심하던 시절이었다. 대부분 기업들은 물품대로 받은 어음을 할인하여 현금화하고, 대금을 지불해야 할 회사에는 자가 어음을 발행해주는 방식으로 차액을 챙기곤 했다.

문제는 현금화한 자금을 정작 급한 곳에 쓰는 것이 아니라 부동산이라든가 다른 곳에 투자하면서 발생했다. 90년대 중후반에는 아파트나 땅이 자고 일어나면 가격이 오르던 때여서 여기저기서 부동산 투자 바람이 불었다. 기업들도 자산 형성을 목적으로 유동자금을 부동산에 묶어두기 시작했다.

하지만 아신은 받은 어음을 현금화하여 다른 투자자금으로 쓰는 일이 없었다. 앞으로 지불해야 할 대금은 내 돈이 아니라 빚이라 생각하고 철저히 구분해서 자금을 운용했다. 갚아야 할 빚이 있는데 다른 곳에 돈을 쓰는 것은 대출받아 여행 다니는 것과 다를 게 없는 일이다.

사람들은 이런 나를 바보 아니냐며 비웃었다. 어음을 할인해서 잠깐만 부동산에 투자해서 되팔고 차액을 남기면 더 큰 이익인데 왜 어리석게 꼭 쥐고 있냐는 거다.

바보 같을지는 몰라도 내 선택은 옳았다. 적어도 현금을 구하기 위해 자산가들을 찾아다니며 굽실거리는 일은 없었으니까. 반면에 받은 어음을 다른 자금으로 유용하던 수많은 기업들은 IMF의 파고를 넘지 못하고 줄도산했다. 회사를 살리기 위해 은행과 제2금융권, 사채시장까지 다 들쑤시고 다녀도 현금을 구하지 못해 어음을 상환하지 못하고 부도가 나는 경우가 허다했다. 회사 자산이랍시고 쌓아놓았던 부동산은 매일같이 경매시장에 산더미처럼 쌓였다. 그때는 현금만 있으면 아파트, 땅, 산, 공장 무엇이든 쓸어 담을 수 있었다.

유통물류업계에 불어 온 IMF의 폭풍은 더욱 거셌다. 당시엔 유통물류 회사는 제조회사로부터 상품을 구매하여 각 점포에 공급해주는 도매물류 형태를 많이 취했다. 그러나 제조업체가 각 점포로 직접 상품을 공급하면서 유통물류 회사들이 3자물류 형태로 전환하는 비율이 높아졌다. 그러자 위탁물류를 진행하던 제조사에서 우선 부도가 나면 대금을 받지 못한 유통물류 회사도 대부분 견디지 못한 채 쓰러지고 말았다.

유통물류 회사들이 줄도산을 하자 아신과 거래하던 대기업에서는 우리가 걱정이 됐는지 자금이 모자라면 얼마든지 지원해주겠다고 제안을 했다. 그러나 우리에게는 결제할 자금이 충분히 있었다. 대기업에서는 어떻게 어음을 현금화하지 않고 그대로 갖고 있느냐며 놀라워했다.

　IMF 전후로 많은 회사들의 명암이 엇갈렸지만 대개 그 분수령은 부동산 투자로 갈렸다. 부동산에 발목 잡혀 쓰러진 기업도 많았지만 부동산으로 돈을 번 기업도 많았다. 가끔은 나 스스로도 '그렇게 할 수 있었는데 왜 안 했을까?'라는 생각을 할 때가 있다.

　물류센터는 넓은 공간이 필요하다. 수많은 제품들을 보관하고 분류작업하고 배송하려면 공간이 넓으면 넓을수록 좋다. 부동산과 매우 밀접한 관계에 있는 것이다. 기업시설 자금이나 부지매입 자금으로 은행에 대출받는 일은 어려운 일이 아니었다. 또 대출받아 부동산을 매입해서 물류센터로 실제 사용을 한다. 시간이 흐르고 부동산 값이 올라가는 건 덤이지 목적이 아니다. 그럼에도 이를 더 적극적으로 이용하고 싶은 게 사람 심리이다.

　가계부채 1천조 시대가 이를 증명해준다. 어차피 살아야 할 집 이왕이면 오를만한 집을 사고 싶고, 사서 살다가 오르면 팔고 다른 집을 산다. 그러다가 한 가구에서 다주택을 보유하게 되고, 한 곳이라도 막히면 순식간에 대출이자와 원금상환을 감당하지 못해 가계가 엉망이 된다. 부동산이 오르기만 하는 게 아니란 건 이미 대한민국 전체가 다 알게 된 사실이다. 가계부채가 국가경제를 위협하는 악순환의 고리에 지금 한국사회가 아수라장이 되기 직전까지 오지 않았는가.

한 가정도 이러한데 하물며 기업은 어떠했겠는가. 자고 일어나면 올라가던 90년대에, 게다가 부동산과 가장 밀접한 관련이 있는 물류회사는 투기하려고 마음만 먹으면 얼마든지 가능한 시절이었다.

하지만 경영인은 투자와 투기를 구분할 능력이 있어야 한다. 그 능력이 없으면 자기 자신은 물론 직원과 직원의 가족까지 모조리 길거리에 내몰 수도 있다. 그들이 길거리에 내몰리면 직원들이 월급을 써주던 학원, 슈퍼, 은행, 소비재 회사 모두 망하게 된다. 극단적으로 말하면 기업 오너의 잘못된 투기와 그 실패는 한국경제를 밑바닥부터 흔드는 결과를 낳을 수도 있다는 것이다.

기업은 오래 존재하기만 해도 그 가치를 인정받을 수 있다. 생명력 있게 지속가능한 경영을 해갈 수 있는 건강한 자산구조야말로 경영의 제일 중요한 원칙이자 전략이다. 없어져버리면 그만인 회사는 아무 가치가 없다. 가끔씩 회사 운영이 몹시 힘들 때, 부동산이라도 많이 사두었더라면 돈이나 벌었지 하는 생각이 솔직히 든다.

그러나 결과적으로 빚을 내면서까지 투자를 하지 않았기 때문에 IMF 금융위기에도, 2008년 외환위기에도 아신은 흔들림 없이 우리의 일을 계속 할 수 있었다. 내가 그때 투자와 투기를 구분하지 못하고 마구잡이 부동산을 사들였다면 우리 회사가 아직 존재하고 있을 거라고 누가 장담할 수 있겠는가.

가끔 물류센터에 친한 친구를 데려가면 이렇게 말한다.

"야, 넓다. 이거 네 거지?"

"이게 왜 내 거냐? 회사 거지"

"야, 이걸 왜 회사 걸루 사냐? 네 걸로 사서 네 명의로 한 다음에, 회사에 임대를 줘봐라. 따박따박 나오는 임대료가 네 건데. 아이구, 넌 왜 그렇게 약질 못하냐?"

나는 아신이 반석 위에 자리 잡은 회사이길 바란다. 직원들의 생활터전이자 울타리가 되고, 나에게 평생 월급을 줄 수 있는 회사. 유통물류를 이끌어가는 선구적 기업. 그게 아신에 대한 나의 바람이다. 제방의 붕괴는 아주 작은 틈새에서 시작된다. 아신이 유통물류 회사의 선두주자로 성장할 수 있었던 것은 바로 이런 작은 것을 중요하게 생각하고 지키는 원칙경영 때문이라고 믿고 있다.

회사를 경영하다 보면 부채가 한 푼도 없을 수는 없다. 그러나 기업경영에 꼭 필요한 것이 아닌데 단순히 돈 욕심에 빚까지 내어 투기하는 것은 절대 있을 수 없는 일이다. 때때로 나를 바보 경영인이라 말해도, 아신은 지금까지 해 온 것처럼 앞으로도 그렇게 경영될 것이다. 그

바보같은 원칙주의, 우직함, 진정한 투자가 아신을 지켰다고 믿기 때문이다.

기업가 정신과 윤리적 책임은 같은 말이다

IMF 외환위기 시절 수많은 회사들이 버티지 못하고 무너지던 때 적절한 대비로 회사를 잘 살려내고 나니, 오히려 이때야말로 회사의 영역을 확장해볼 기회라는 생각이 들었다.

그 전까지는 유통물류에만 치중을 했는데 식자재 부문에 발을 들여놓을 수 있겠다는 자신이 생겼다. 아신은 콜드체인 시스템을 보유한 업체이지 않은가. 신선한 식자재를 생산까지 해서 공급한다면 더 많은 영역으로 사업을 확장하고 그만큼 일자리도 더 많이 만들 수 있을 터였다.

하지만 당장 생산 설비 시설에 투자하는 것은 무리라는 판단을 하던 차에 한 수산물 수입판매 회사에서 인수 제안이 왔다. 그 회사는 한 달에 약 2백만 불 정도를 수입판매하고 있는데 아신더러 인수를 하라는 거였다. 먹을거리를 수입하는 일이니 현지의 생산시설이나 위생상태,

포장과정 등을 확인할 필요가 있었다. 내 눈으로 직접 확인하기 위해 동남아 현지에 있는 공장에 실사를 나가 보았다.

요즘엔 먹을거리의 안정성과 상품의 신뢰도가 높아졌지만 외환위기 때만 해도 그저 양만 푸짐하면 되지 질을 크게 따지는 분위기는 아니었다. 생산자나 소비자 모두 먹을거리에 대한 선진화된 인식은 부족했다. 박리다매형 사업에 식재료만큼 장난치기 쉬운 아이템도 없었다. 중국산 찐쌀 밥 파동이라느니, 만두 파동이라느니 다 그때 일어난 일이다. 혹시라도 먹을거리에 장난치는 일이 벌어진다면 그건 절대 있을 수 없는 일. 내 눈으로 보고 결정하고자 동남아 현지 공장을 찾았을 때 정말 놀라운 광경을 목격하고야 말았다.

물을 부어 냉동을 하여 상품의 무게를 늘리고, 선도를 유지시키기 위해 안전성이 의심스러운 약품 처리를 하고 있었다. 믿기지 않는 일이 벌어지고 있었다. 현지 공장장은 많은 업체들이 이렇게 하고 있고, 제품 단가를 맞추려면 어쩔 수 없다고 했다.

"나는 그거 돈을 줘도 못 먹겠소. 그런데 나보고 이걸 수입해서 팔라고 하면 나는 도저히 할 수 없소. 제대로 된 물건을 보내시오."

어획고가 풍족한 동남아에서 제대로 된 물건만 들여와서 판다면 시장에서 승산 있는 싸움이라는 생각이 들었다. 더군다나 평소 식탁에 오르기 어려운 새우나 크랩 같은 갑각류를 싼 가격에 공급한다면 수산물 시장에서 아신이 또 한 번 도약할 수도 있을 거란 생각이 들었다. 그래서 현지 공장에 제대로 된 정직한 상품을 만들어 보내라고 지시했다. 가장 중요한 것은 품질이라고 몇 번이고 다짐받고, 우리 아신은 수산물 수입을 시작했다. 현지에서는 사장인 내가 지시하는 대로 제품을 가공해 보내왔고, 당연히 제품 단가는 올라갈 수밖에 없었다.

그렇게 수입을 해온 수산물 식자재는 아니나 다를까 가격 경쟁력이 떨어져 시장에서 고전을 면치 못했다. 거래처를 늘려가려던 계획은커녕 제품을 받아주던 기존 판매처에서도 손사래를 쳤다. 제품단가가 높으니 받아서 쓸 수가 없다는 거였다. 겨우 몇몇 고급식당과 호텔에 납품을 했지만, 그 몇 개의 거래처로 새로운 사업을 확장할 수는 없는 노릇이었다. 그렇다고 수입수산물이라는 유통 특성 때문에 마땅한 홍보 수단도 찾지를 못했다.

기업의 최대 목적은 이윤추구이다. 그 이익은 고스란히 사회에 재환원되어야 마땅하다. 이익으로 직원을 더 많이 고용하면 더 많은 소비가 이루어지고, 늘어난 소비만큼이나 기업은 생산을 더 늘리는 시스템으로 운영이 되어야 정상이다. 거기에 적정한 수준의 기여와 봉사까지 겸해지면 그야말로 온전한 기업으로 자리매김할 수 있는 법이다. 그런 기업가 정신없이 회사를 운영하는 건 바람직하지 않다는 게 내 평소 소신이었다. 하지만 이 수산물 수입은 정직한 상품 관리를 해야 하고, 일부 업자들이 변칙적으로 중량을 늘려서 가격을 속여가며 거래처를 확보하는 것은 나로서는 도저히 용납할 수 없는 일이었다.

고민하고 또 고민한 끝에 수산물 수입판매업을 접기로 했다. 돈이 보인다고 해서 양심을 저버리는 일은 하고 싶지 않았다. 나는 기업가이지 장사치가 아니니까. 아신이 식품 사업에 진출하는 첫 번째 시도는 그렇게 실패로 끝났다.

나와 함께 일하면 원리원칙을 너무 따져서 피곤하다고들 한다. 하지만 신용, 약속, 책임이라는 단어의 의미를 누구나 알지 않는가. 어떤 일이 있어도 이것들은 지켜나가야 한다고 생각한다. 기업의 이윤을 위해 비양심적인 일은 해서는 안 된다. 기업가 정신은 윤리적 책임과 동일한 말이다. 정직한 기업만이 소비자에게 선택받게 되고 그것이 결국 기업이 살아남을 수 있는 길이다.

별난 경영인, 특별한 기업이어서가 아니다. 우리 기업이 오래 가는 100년 기업으로 성장하려면 윤리적 책임을 다해야만 살아남을 수 있다. 요즘 한창 착한 식당, 윤리적 소비가 이슈화되는데 아신은 이미 오래 전에 그 경험을 한 것이다.

급변하는 사회 속에서도 원칙은 있고 그 원칙은 100년이 가도 변치 않는 기본 규칙이다. 그것을 간과하고 쉽게 도전할 때 기업가 정신도 사라지고, 기업도 사라지고, 직원도 사라지고 나도 사라진다는 걸 늘 명심하면서 오늘도 경영에 임하고 있다.

시스템은 세 명일 때부터 갖춘다

회사를 처음 만든 그때부터 지금까지 매우 중요하게 생각하고 지키고 있는 원칙이 하나 있다. 내가 회사를 만들었고, 운영하는 오너이고 CEO이지만 이날 이때까지 회사 돈을 내 돈처럼 사용한 적이 없다는 것이다. 돈은 한 번 손대기 시작하면 범죄를 저지르면서까지 손을 대게 되는, 마약보다 더 무서운 중독을 부른다.

대표랍시고 회사 돈을 내 돈처럼 쓰기 시작하면 회사로서도 위험하지만 개인 회계 상으로도 매우 위험해진다. 급한 대로 우선 쓰고 보자는 안일한 생각은 회사가 어려울 때 가족까지 어렵게 만드는 불행한 결과를 초래하기 때문이다. 회사 돈은 회사 돈, 급여는 개인 돈이라고 생각하고 각기 다른 재무를 운영해야 마땅할 것이다. 그래서 회사 규모가 커지면 함부로 자금을 운영하지 못하게 주주단이 필요해진다. 개인적 비리가 개입될 여지를 차단하기 위해서이다.

아무리 작은 회사라도 설립 초기부터 모든 소소한 업무까지 시스템으로 만드는 것은 그래서 매우 중요하다. 직원이 몇 명 되지 않는다 하더라도 초기에 자금을 비롯한 여러 가지 운영 매뉴얼을 갖추지 않으면 회사 규모가 커졌을 때 대표와 직원이 갈등이 생길 여지가 매우 농후해진다.

시스템을 만들어야 하는 또 하나의 이유는 회사가 성장했을 때 사장의 손길이 미치지 못해 화를 부르는 일이 생기기 때문이다. 회사가 설립될 초기에는 어느 회사든 사장이 거의 모든 업무를 처리하고, 조직이 커지면 사람을 고용하여 업무를 분담하게 된다. 사소한 모든 것을 일일이 대표이사가 다 처리할 수는 없지만 일이 어떻게 진행되고 있는지 파악하고 있어야 한다. 그러나 체계를 제대로 갖추지 못한 채 갑자기 규모가 커지면 여기저기 돌발 상황이 속출하면서 회사의 관리능력에 큰 변수로 작용하게 된다.

그래서 가장 민감한 사안인 자금운영부터 시스템을 갖출 필요가 있다고 생각이 들었다. 지출 사항이 발생하면 직원이 품의를 올리고 대표가 최종 결제를 해서 출납담당 직원에게 지시를 해야 지출이 이루어지게 했다. 당시 직원은 적은 금액에 뭐 이렇게까지 해야 하느냐고 툴툴거렸지만, 번거롭고 귀찮더라도 그렇게 하는 것이 회사 경영의 기본

트레이닝이라고 생각하라며 독려했다. 대표인 내가 사용할 돈도 경리를 담당하는 직원에게 품의를 올려서 지출이 되도록 했다.

그리고 자금 계획을 세울 때 예산제를 운영했다. 회사를 운영하다 보면 예기치 못하게 나가야 하는 돈들도 생긴다. 작은 회사는 매월 수입과 지출 사이클이 금세 정해진다. 이에 맞추어 여유자금이나 용처가 정해지지 않은 불용 예산 등을 확보하면 예기치 못한 지출에 우왕좌왕하지 않아도 된다.

이렇게 초기에 시스템을 정착시키면 회사가 성장하고 직원이 많아지더라도 큰 변수가 발생하지 않는다. 규모에 맞게 시스템을 업그레이드만 시키면 직원이 많이 늘어나도 업무를 빠른 시간에 안정시킬 수 있기 때문이다.

직원 세 명으로 회사를 시작했을 때부터 시스템을 갖춰놓았으니 직원이 늘어나도 시스템에 맞춰 일하기만 하면 큰 문제는 없었다. 업무도 조직화되고 원칙을 세워 지키면 된다. 그러나 김홍규가 회사대표 김홍규와 개인 김홍규를 구별하지 못하고 회사 돈도 마음대로, 업무를 분장하는 것도 내키는 대로, 사업을 확정하는 것도 논의 없이 독단적으로 했다면 어떤 결과를 맞았겠는가.

회사 자금을 예로 들었는데, 모든 업무가 마찬가지이다. 시나리오 경영 기법이 경영학에서 중요하게 다루어지는 것도 그 때문이다. 우리가 지금 살고 있는 이 시대는 예측불허의 시대이다. 언제 어떤 변수가 경영의 위험요소로 등장할지 알 수 없다. 시나리오 경영은 이런 변화에 대처할 수 있게 최대한 예측하는 것을 기본으로 한다.

직원이 세 사람일 때 예측 가능한 여러 가지를 시나리오화 해놓으면 직원이 300명으로 늘어났을 때도 적용시킬 수 있다. 우리는 단지 규모가 커졌을 뿐이고 기준과 원칙은 대비되어 있다는 생각으로 위험요소를 쉽게 제거해 나갈 수 있다. 원칙에서 벗어나지 않으면 실수나 부정이 발생할 여지가 없다. 덕분에 우리 아신은 투명한 경영을 정착 시킬 수 있었지 않았나 싶다.

성공전략 4

나는 누구를 설득할지 알고 있다

일본에 갔을 때도 그랬고, 직장을 그만두고 회사를 차렸을 때도 그랬다. 항상 생각의 중심에는 '내가 지금 무슨 일을 하려고 하는가? 나는 누구를 설득하려고 하는가'가 들어 있었다. 현대 사회에서 '일'을 '이익'으로 만드는 것은 '설득'의 문제이다. 무슨 일로 어떤 사람을 설득해야 일이 돈으로 환산이 되는지를 아는 것이 성공 비즈니스의 핵심이다.

예를 들어 내가 아내에게 선물을 하려고 한다고 생각해 보자. 아내가 무엇을 좋아하는지, 어떤 선물을 해야 좋아할지를 제일 먼저 고려할 것이다. 아내의 기호, 취향, 평소의 행동반경 등을 잘 알고 있다면 선물 리스트가 떠오르게 된다. 내 아내가 전업주부인지, 직장인이라면 교사인지 일반 회사원인지, 주로 만나는 사람이 동네 지인들인지 관공서 사람들인지 파악하고 나면 선물의 범위가 좁혀진다.

여기까지는 누구나가 할 수 있는 일이다. 그러나 새로이 사업을 구상하는 사람이라면 여기에 한 10% 정도 더 내다보는 안목을 갖춰야 한다. 늘 주는 선물이나 쉽게 추측할 수 있는 선물은 선물의 효과를 제대로 발휘하지 못한다. 생각지도 못한 귀한 선물을 받았을 때 그 사람의 마음이 움직이게 된다. 생각지도 못한 귀한 생일 선물을 받은 아내는 적어도 1년은 나를 고맙게 여기지 않을까? 사업의 목적은 이런 쉬운 원리를 따르고 있다. 그런 마음으로 일을 바라보면 반드시 다음 목표를 설정할 수 있다.

나는 유통을 했던 사람이다, 일본에 사업 구상차 출장을 갔다, 편의점이 아직 한국에 도입되기 전이어서 일본 출장에서 편의점이 눈에 띄었다. 그럼 편의점 안의 물건에 주목해야 할까? 여기까지는 일반적인 비즈니스의 룰을 따르는 거다. 그런데, 편의점이 아닌 편의점을 드나드는 차량을 유심히 본 건 왜일까? 두 가지 이유가 있다. 그 전 사업의 경험이 자연스럽게 나의 눈을 차량으로 돌리게 했던 것이 첫 번째 이유이고, 두 번째는 내가 설득할 대상이 편의점을 드나드는 사람이라고 명확하게 정하지 않았기 때문이다.

사람들이 정확한 이유를 대지 못하지만 심정적으로 '이거 말고, 뭐 더 좋은 거'라고 말할 때는 설득의 대상이 빗나갔을 때이다. 내가 설득할 최종대상이 일반 소비자인가, 아니면 기업인가, 아니면 점주들인

가. 그것을 파악해야 다음 단계로 진입이 가능하다. 실패한 사장의 특징은 자신이 설득할 대상조차 모른다는 데에 있다.

지금에 와서 차분히 되짚어 보니 그런 정확한 타겟을 정하고 고객을 설득한 덕분에 국내 도매물류 1인자라는 자부심을 갖춘 회사로 성장할 수 있었던 것 같다. 나는 일반인을 대상으로 물건 한 개를 팔려고 하지 않았던 것이다. 점포를 대상으로 제조업체를 대상으로 사업을 하려고 했던 것이다. 그러니 누구도 생각지 못한 필요한 만큼 매일같이 공급하는 유통업체를 성장시킬 수 있었던 것이다.

지금은 내가 회장의 자리에 있는데 같이 일하는 최성금 사장이 2년 전 우리 회사로 왔다. 160센티미터가 안 되는 자그마한 마른 체구의 여성인데 아신의 사장으로 재직하고 있다. 이 최사장의 이력은 더욱 특이하다.

MBC플레이비 대표이사로 일하던 양반이다. 유통업은 실제 발로 뛰는 업종이라면 방송이나 콘텐츠 쪽은 머리를 쓰는 일이라 할 수 있다. 처음 최성금 사장을 소개받는 사람은 다 놀란다. 어떻게 문화 쪽에 일하던 분이 유통업으로 오셨냐는 거다. 더욱이 최성금 사장은 MBC에서 일할 때 '키자니아'라는 직업체험 프로그램을 멕시코에 가서 직접 들여와 성공적으로 한국에 안착시킨 장본인이다. '멋진 어린이들의 나라'란 뜻의 '키자니아(KidZania)'는 실제와 동일하게 구현된 도시에서 어린이들이 해당 직업의 복장을 착용하고 90여 가지의 다양한 직업을 체험해 볼 수 있는, 한국 최초의 어린이 직업체험 테마파크라고 한다. 상공부장관 표창도 받은 문화 콘텐츠 업계에서는 매우 유능하고 잘 알려진 분이다.

내가 왜 이런 분을 우리 회사로 모셔왔을까? 어려운 중소기업들이 다 그러하듯 우리 아신도 3D 업종으로 불리며 직원들의 이직률이 매우 심한 편이었다. 회장은 원리원칙 따지는 깐깐한 사람이지, 일은 고되지 직원들이 하고 싶은 말이 있어도 내게 말을 잘 못하는 거다. 앞서도 말했지만 소통과 설득은 사업을 영위하고 성공시키는 가장 중요한 요소 중의 하나이다. 직원과 잘 소통하는 사장, 직원을 잘 설득할 수 있는 사장, 아울러 대외적으로 우리 사업을 잘 설명하고 비즈니스를 유치할 수 있는 사장이 필요하다고 판단했다.

당차고 아름다운 그녀는 나의 판단과 다르지 않았다. 그녀가 회사의 사장으로 취임하고부터 팀장 이후 중간관리자 급부터 고위 임원들까지 이직자가 단 한 명도 발생하지 않았다. 그녀는 우리 아신이 3D가 맞다고 한다. "아신은 직원들에게 꿈(Dream)을 꿀 수 있게 해주고, 회사와 나의 미래를 구체적으로 설계(Design)할 수 있게 해주며, 나의 성장을 가능하게 해주는 운명(Destiny)같은 곳"이라는 멋진 말을 했다.

최성금 사장을 자랑하는 것이 곧 내 자랑이다. 어느 유통물류 회사에서 이런 인재를 모셔올 생각을 하겠는가. 유통물류업이 고통스러운 3D가 아닌 아름다운 3D로 인식되게 직원을 관리하고 외부 일을 끌어오는 최성금 사장 덕분에 회사 분위기가 매우 고무되어 있는 것만은 사실이다.

그저 나의 기대가 추측에 맞고 장밋빛이기만을 기다리는 자가 되지 말자. 소비자는 굉장히 영악하고 유동적이다. 막연히 나의 상품이 그들의 기대치에 미칠 것이라는 환상을 버려야 한다. 우리 아신의 콜드 체인 시스템이 소매점의 일배시장을 점령했듯이 그들이 원하는 것을 주고 그들을 설득할 수 있어야 한다. 설득할 수 없는 사업가는 이미 사업가가 아닌 것이다.

성공전략 5
기회는 작은 것에서부터 온다

물류산업은 기술력을 인정받거나 획기적 발전을 하여 각광을 받는 화려한 산업은 아니다. 그러나 국가 경제에 있어서 산업과 산업을 이어주는 혈관의 역할을 하는 없어서는 안 될 대단히 중요한 산업이다. 그럼에도 불구하고 정확한 공급을 생명으로 요구하는 일이라 3D업종으로 인식되는 것은 어쩔 수 없다. 게다가 우리 회사는 대기업이 아닌 중소기업이기에 아신을 선택한 젊은 직원들은 아마도 적지 않은 고민을 했을 것이고, 입사를 한 후에도 이런 저런 생각이 많으리라 짐작한다.

인사라는 것은 조직을 움직일 수 있는 유일한 체계이다. 어떤 인재가 들어오고 나가느냐에 따라 조직 전체의 역량이 좌우된다고 해도 틀린 말은 아니다. 현재 중소기업의 인사의 가장 큰 어려움은 인재 확보에 있다고들 한다. 기대 수준에 못 미치는 근무환경, 연봉, 브랜드 가치에 비해 중소기업에서는 대기업보다 비전문적으로 여러 가지를 병행해야 할 것처럼 느껴진다는 것이다.

2013년 중소기업중앙회가 10인 이상 중소기업 500곳을 상대로 조사한 대졸초임 수준은 1600만~2400만 원이다. 물론 대기업의 대졸 평균임금으로 알려진 3300만 원대보다는 낮다. 하지만 이렇게 취업난에 시달리는데 연봉 때문에 중소기업을 꺼리는 것은 아니라는 생각도 든다. 마치 사회인이 되고 직장인으로 첫 출발하려면 꼭 대기업에서 해야 할 것 같은 사회 분위기 탓인 것 같다.

어떤 조직이든 처음 들어오면 낯설고 적응이 쉽지 않은 것은 당연하다. 그렇기에 신입사원은 조금이라도 빨리 업무를 익히도록 몰입하는 것이 가장 좋다. 일단 회사에 들어왔으면 주어진 업무를 처리하면서 일에 대한 감을 잡고 무엇을 어떻게 해야 하는지를 익혀야 회사 생활이 즐거워질 수 있다. 그렇지 않고 '내가 왜 이 일을 하는 거지?'라는 생각만 하면서 자꾸 뒤를 돌아보게 되면 업무 감각도 익히지 못하고 고민만 하다가 시간을 보내게 된다. 그러니, 입사 후 적어도 1년에서 2년 정도는 업무에 몰입하는 것이 자신에게도 좋고 회사도 좋은 것이다.

이렇게 초기의 고비를 잘 넘기고 3, 4년차에 접어들면 자신감이 붙고 직장 생활에 어느 정도 여유도 생기게 된다. 물류 분야에 대해 전체를 바라보게 되는 시야를 갖추게 되기도 한다. 바로 그때 유혹이 생긴다. 동종의 업계에서 제안이 들어오기 시작하는데, 납품 등의 업무를 하면서 관계하는 회사에서 일종의 스카우트 제안을 하는 경우가 있다. 그런 제안을 받으면 자신이 다니고 있는 회사와 비교를 하게 되는데 그쪽 회사에서 받을 수 있는 연봉이 많다는 걸 알게 되면 미련 없이 회사를 옮기는 경우가 많다. 물론 연봉 몇 백만 원 차이는 적지 않은 돈이다. 그런데 재미있는 것은, 그런 이유로 회사를 나갔던 친구들이 몇 달 지나지 않아 다시 우리 회사의 문을 두드린다는 것이다.

우리 회사에서 일하면서 능력도 인정받고 결혼하여 가정도 꾸렸던 한 젊은 직원이 생각난다. 내가 봐도 일에 대한 열정과 능력이 있어 많이 아끼고 언젠가 중요한 업무를 맡겨 볼까 싶어 눈여겨보고 있었다. 그런데 어느 날, 대기업의 물류 부문으로 이직한다는 얘기가 들려왔다. 아끼던 직원이었는데 그냥 보낼 수 없었다. 직접 만나 밥도 사고 술도 하면서 사정을 들어봤다. 아는 선배가 보다 좋은 조건을 제시하며 회사를 옮길 것을 제안했다는 것이다. 우리 회사의 비전을 이야기해 주며 함께 일하면 안 되겠냐고 물었지만 그렇다고 강력히 만류할 수는 없었다. 그 친구만 월급을 더 줄 수도 없는 것 아닌가.

결국 그는 다른 회사로 떠났다. 솔직히 서운했다. 아끼는 마음이 더 컸기에 그랬다. 중소기업보다 대기업을 선호하는 여러 가지 현실적 상황을 탓할 수밖에 없었다. 그런데 1년이 채 안 되어 그 친구에게서 우리 회사로 다시 들어오면 안 되겠냐는 연락이 왔다. 괘씸한 생각부터 들었지만 일단 만나서 왜 다시 오고 싶어 하는지 물어봤다.

"그 회사가 더 좋다면서 옮길 때는 언제고 이제 와서 다시 일하고 싶다고?"

"죄송합니다."

"도대체 그 회사 문제가 뭔데? 이유나 좀 알자."

"막상 가보니까 우리 회사랑 분위기가 너무 다릅니다. 나가보니까 알겠더라고요. 우리 회사가 얼마나 가족적이었고 선후배간의 관계도 좋았는지요."

직장으로서 중소기업과 대기업엔 여러 가지 차이점이 있다. 대기업 입사가 무조건 다 좋은 것만은 아니라는 이야기를 하고 싶다. 제대로 일을 배우려는 젊은이들에겐 중소기업도 좋은 점이 있기 때문이다.

대기업은 조직이 크기 때문에 전체를 보기 어렵다. 업무가 세분화되어 있다 보니 직원 한 사람 한 사람이 자신의 분야만 알게 되고 일종의 부품처럼 정밀하게 맞물려 움직여야 한다. 전체를 크게 볼 수 있는 시각을 가지기 어렵다는 말이다.

대기업은 정규직의 피라미드 꼭대기인 부장 타이틀을 달기까지 평균 15년 이상 걸린다. 임원 타이틀은 20년 이상 근무해야 바라볼 수 있지만 임원은 계약직이니 기업 실적이 하락할 경우 여지없이 재계약에서 탈락하는 위험 요소를 안고 있다. 물론 샐러리맨의 꽃이라고 불릴 정도로 임원급에서 주어지는 부가혜택은 엄청나지만 이는 그만큼 책임져라는 의미로 해석하면 된다.

더군다나 대기업 평균 근속연수가 11.5년에 불과하다(잡코리아 2012년 발표, 대한민국 100대 기업 기준 88개 사업소 발표 현황 근거). 이를 토대로 보면 40세 안팎에 과장이나 부장 승진을 못하면 퇴사를 한다는 의미로 해석된다. 40세 안팎에 대기업을 나와서 어떤 일을 새로 시작할수 있을지는 모르지만 100세 시대임을 감안한다면 제2의 설계를 새로 시작해야 되는 것만은 틀림없어 보인다. '갑질'이라는 말이 유행인데 대기업에서 '갑질'에만 익숙하지 '을질'을 당해보지 않아서 대기업 출신들이 자리잡기 어려운 것도 숱하게 보아왔다.

반면 우리 회사 같은 중소기업은 규모가 작기 때문에 전체 업무를 파악하기 쉽다는 장점이 있다. 특히 유통은 자기 일만 보면 조직에 기여하기가 어렵다. 상호보완적인 조직이다보니 자기 업무가 옆사람의 업무에 미치는 영향까지 고려해서 일해야 한다. 그러다보면 자연스럽게 유통물류 산업의 전체적 상황을 파악하게 된다. 퇴직을 하더라도 개인적 사업을 할 수 있는 기회를 찾기가 상대적으로 수월하다.

　직원과 임원이 스킨십할 수 있는 기회도 훨씬 많다. 회장과 말단사원이 한 자리에 앉아 회의하는 대기업은 없겠지만 회장과 사원이 월요일 아침 회의로 한 주를 여는 중소기업은 꽤 많을 것이다. 얼굴을 볼 수 있고 이야기할 수 있다는 건 자신의 능력을 어필할 기회가 있다는 뜻이다. 자신이 원하는 분야에서 일할 수 있고 능력만큼 승진의 기회도 빨리 찾아온다는 뜻이기도 하다. 회사의 성장이 개인의 성장이 되는 곳, 회사의 비전이 곧 자신의 비전이 될 수 있는 곳이 바로 중소기업이다.

회사의 미래는 개인의 비전에 달려 있다

　예전에 우리가 알던 평생직장 개념이 이젠 거의 없다고 봐도 허언이 아니다. 고용유연화란 미명하에 많은 사람들이 회사 밖으로 내밀쳐지고 있다. 하지만 나는 회사란 나를 투자하고, 회사가 나를 키워주고 지켜줘야 하는 곳이라 생각한다. 미래가 보이고, 안정되면 직원들은 더 열심히 일할 것이고, 그만큼 안정된 가정을 꾸릴 수 있을 것이다. 그리고 가족이 행복하면 직원은 또 회사 업무에 마음 편히 집중하게 되는 선순환이 일어나는 것이다.

　그렇다면 '미래가 보인다'는 것을 어떻게 직원들에게 전달할 수 있을 것인가 하는 질문을 하지 않을 수 없다. 그런 말로는 더 이상 직원에게 회사에 헌신하라고 요구할 수 없다. 직원 개개인에게도 비전이 제시되어야 마땅하다.

　2012년도에 회사 워크숍을 준비할 때였다. 당연히 같이 가야 할 사람이라고 생각한 비서가 워크숍을 가지 못하겠다고 하는 게 아닌가.

"주말인데 아기가 아직 어리고 남편도 회사일 때문에 주말에 나간다는 걸 이해해주지 않아요."

그건 핑계에 불과한 소리였다. 비서는 회장님의 스케줄을 관리하고 손님이 오면 차를 준비해주는 정도라고 평소에 생각했기 때문에 '직원 워크숍'이 자신이 꼭 참여해야 할 부분이라고 여기지 않은 것이다. 내가 고작 차를 준비해주고 스케줄 관리를 시키기 위해 저 직원을 2년이나 데리고 있었다는 소리였다. 회장으로서 내가 그 직원에게 바라는 건 그런 단순한 스킬을 차질 없이 해내는 정도의 주문이 아니었다. 스스로 회사에 공헌할 거리를 찾아주는 것 또한 내 할 일이었다.

그때 최성금 사장이 나서서 그 직원에게 중요한 질문을 던졌다.

"○○○ 씨는 꿈이 뭐예요?"

비서는 그제서야 저간의 속마음을 털어놓았다.

"아이가 엄마는 무슨 회사에 다니냐고 물었을 때 '아신'이라고 대답해준 적이 별로 없었어요. 그냥 엄마 회사 다녀라고 말했죠. 우리 회사가 강남에 있잖아요. 강남에서 회사 다니는 엄마라면 교사나 전문직 같은 것을 사람들이 기대하고 질문해요. 아이가 다니는 학교의 친구들도 그럴 거 같아요. 거기에서 내가 엄마는 아신 회장님 비서야라고 말하기는 좀 복잡한 거 같아요."

비전은 개인에게는 사명이고, 회사로서는 미래의 중요한 보증서 같은 역할이다. 스스로 회사 일에서 비전을 찾지 못한다면 그야말로 월급바라기밖에 더 되겠나 하는 생각이 들었다.

우여곡절 끝에 그녀도 워크숍을 따라나섰고, 우리는 워크숍에서 다른 건 몰라도 직원들에게 개인의 비전에 대해 생각하는 시간을 마련해줘야 한다고 생각했다. 워크숍은 팀장 이상에서 진행된 직무연수 성격을 띠었는데, 우리는 워크숍에서 중요한 아신의 미래 비전을 제시하였다.

2020년까지 아신의 도약의 발판을 만들고 세 가지 부분에서 NO.1을 이루겠다는 비전을 발표하였다. 첫 번째는 유통물류 하면 아신이 제일 먼저 떠오르도록 '1등을 이루겠다'는 것이다. 두 번째는 그 무엇보다 회사에 대한 직원의 만족도가 1등인 기업이 되겠다는 것이다. 세 번째는 서민경제에 이바지하는 1등 기업이 되겠다는 것이었다.

이런 아신을 이루기 위해 직원 개개인이 무엇을 해야 할지 발표할 시간을 가졌다. 비서의 차례가 왔다. 그녀는 남편과 아이를 핑계로 했지만 워크숍 참가 결정을 하면서 내적 갈등이 컸음을 우린 알고 있었다.

"저는 아신에서 제가 할 역할이 크지 않다고 생각해왔습니다. 그저 주어진 일을 문제없이 해내면 된다고 생각했어요. 그런데 오늘 워크숍에서 우리 회사가 1등 회사가 되기 위해서는 제 역할이 너무 중요하다는 걸 깨달았습니다. 2년이나 회사를 다녔는데 회사에 대해 자부심을 가지지 않았다는 사실을 오늘 깨달은 제가 너무 한심하고 부끄럽습니다. 그러나 이젠 저에게도 목표가 생겼습니다. 큰 회사에 가면 비서실이 매우 중요한 위치에 있습니다. 회장실로 가는 모든 통로는 비서로 통해야 한다고 합니다. 저도 아신에서 제 위치를 그렇게 만들어 보겠습니다. 2020년에 아신이 1등 회사가 되어 있을 때 저는 별도의 비서실에서 비서가 저 하나가 아닌 많은 비서를 거느리고 회장님과 회사의 수족이 되는 비서실장이 되어 있고 싶습니다."

비록 꿈이라 할지라도 이 얼마나 어려운 결심이고 아름다운 비전인가. 자신이 몸담은 회사가 수십 명의 비서를 필요로 할 정도로 커야 한다는 데 방점을 찍은 비전이 아닌가. 우리 같은 중소기업이 대기업으로 가기 위해서는 이런 비전이 각자 마음속에 똬리를 틀고 있는 직원이 매우 중요하다. 그런 직원은 어디에 가서도 구할 수 없다. 회사에 몰입하고 헌신할 수 있는 인재는 회사 밖에서 만들어지는 게 아니라 회사 안에서 만들어나가야 함을 나 또한 절실하게 느낀 워크숍이었다.

인사가 만사, 인재가 재산이라는 말도 있지만 우리가 간과해서는 안 되는 중요한 한 가지가 있다. 기술을 가르치기 위해 회사가 직원을 독려해서는 안 된다는 것이다. 기술은 회사에 몸담기 위해 스스로 배우고 갈고

닦아 나가야 하는 것이고 회사는 직원이 자신이 터득한 기술적 바탕 위에서 무엇을 더 이룰 수 있는지 목표를 보여줘야 한다. 회사가 독려할 사항은 목표이지 기술이 되어서는 안 된다. 끊임없는 자기계발이 연계가 되어야 하는데 자기계발은 직업이 아니라 생애를 놓고 연장선상에서 이루어져야 한다. 비서가 되었든 사장이 되었든 아무리 특정한 직무를 맡았다 하더라도 장기적인 안목에서 회사의 목표와 자신의 목표가 만나는 부분이 있어야 그 회사가 성장할 수 있는 것이다.

누가 나에게 '300여 직원 중에서 가장 중요한 사람이 누구입니까?'라고 묻는다면, 서슴지 않고 구내식당의 주방 아주머니 강옥순 여사라고 말하겠다. 우리 회사의 역사를 지켜 온 분이라 해도 과언이 아닌데, 회사 초창기부터 현재까지 20년이 넘도록 우리 아신 식구들의 식사를 책임지고 있다. 강여사님이 처음 주방을 맡았을 때 밥 먹는 식구가 몇 되지 않았다. 늘고 늘어서 지금은 하루 300명 이상의 식사를 책임지는 중요한 분이 되었다. 그분의 업무 목표는 단연코 맛있는 밥이다. 아신의 온 식구들이 집밥처럼 맛있게 먹고 열심히 일할 수 있도록 최선을 다하면 그것이 곧 아신의 미래가 된다는 것이다. 내가 강여사님을 보면 직원들의 스트레스와 고민을 본인이 해주는 밥으로 풀어주고자 하는 게 느껴진다.

처음부터 자기가 원하는 일이 주어지지는 않는다. 자신이 자신의 자리를 만들어 나가고 매진하지 않으면 비서는 비서로, 주방 아주머니는 주방 아주머니로 남을 수밖에 없다. 명심해야 할 것은 시작을 했으면 인내와 끈기를 가지고 자신이 원하는 것이 무엇인지, 나의 직무가 어떤 가치를 갖고 있는지 깨닫는 게 중요하다.

칭찬은 고래를 춤추게 한다고, 자신이 무언가 잘 해낸다는 것을 발견하고 나면 스스로 대견해지고 점점 자신감과 성취감이 생긴다. 그리고 그 자신감이 쌓이며 역량이 커가게 된다. 그런데 이러한 과정을 무조건 대기업에서만 해야 한다는 생각은 일종의 편견이 아닐까? 오히려 더 넓게 보고, 더 인정받기 쉽고, 자신의 의사를 반영하여 새로운 일을 해볼 수 있는 중소기업에 입사하여 자신의 역량을 키우는 게 긴 인생에서 볼 때 더 나은 선택이 아닐까 싶다.

좋은 태도는 팩트보다 중요하다

학창 시절의 내 모습은 지금과는 사뭇 다른 모습이었다. 얌전하고 여성스럽다는 얘기를 많이 들었다. 말도 거의 없고 생긴 것도 남자답기보다는 예쁘장하다는 얘기를 들었고 학교에서는 사고 한 번 치지 않은 평범한 모범생이었다. 아마도 공무원을 하신 아버지의 영향 때문이리라 생각하는데, 학생 때 나의 목표도 공무원이었다. 안정적으로 일을 하며 별 풍파 없이 사는 것이 제일 좋은 인생이라 생각하고 있었다. 그런데, 사람의 운명은 알 수 없는 건지 우연한 기회에 한 회사에 입사하면서 내 삶의 목표가 바뀌고 나의 성격도 변하기 시작했다.

1970년대. 아직도 가난을 다 벗지 못한 우리나라가 살길은 수출 밖에 없었다. 그래서 정부는 수출을 장려하는 수출 드라이브 정책을 펼쳤다. 00물산, 00상사의 이름을 단 수많은 수출회사들이 세워졌고, 무역회사들은 정부에서 많은 자금을 지원받았다. 한마디로 한국 경제를 무역회사들이 이끌고 가는 분위기였다. 당시 젊은 친구들은 종합상사나 무역회사에 들어가서 넓은 세상을 누비며 회사와 함께 커나가겠다는 야망을 키웠다. 은행이나 공직보다 무역회사가 훨씬 인기 있는 직장이었다.

나도 우연한 기회에 작은 무역회사를 하고 계시던 사장님을 알게 되어 입사하게 되었다. 당시 사장님은 같이 열심히 해서 회사를 함께 키워나가자는 얘기를 자주 했다. 나는 가슴이 뛰었다. 내가 이 회사를 키워 손꼽히는 회사로 만들고 싶었다. 지금 생각하면 조금은 허황하고 우스워 보일 수도 있지만, 우리는 그런 야망으로 사회생활을 시작했다. 지금 젊은이들보다 훨씬 더 큰 꿈을 꿀 수 있던 시절이었다.

그렇게 해서 난 입사 6개월 만에 대리가 되었다. 하지만 부장이 되고 임원이 되어 회사를 멋지게 키워 보겠다는 나의 포부와 달리, 대리 직급을 달고 불과 한 달 후, 내 꿈이었던 회사가 부도가 나고 말았다.

많은 직원들이 부도로 엉망진창이 되어버린 회사를 하나 둘 떠나갔다. 어떻게 해야 할지 고민이 깊어졌다. 하지만 쉽게 등을 돌릴 수 없었다. 사장님은 나를 붙드셨다.

"김대리. 우리 이렇게 두 손 들 순 없잖아? 다시 한 번 회사를 일으켜 보세. 자네가 나를 한번만 도와주게. 응?"

간곡한 부탁을 뿌리칠 수가 없었다. 그리고 어떻게 할 것인지 생각을 정리해야 했다. 그래 이왕 이렇게 된 거 피하지 말자. 한번 회사를 일으켜 보자. 어떤 일이 닥쳐올지 모르겠지만 누군가 엉망이 된 회사를 일단 정리해야 하니 부딪혀 보자 싶었다. 막상 결정은 했지만 쉬운 일이 아니었다.

빚쟁이들이 들이닥쳤다. 화를 참지 못한 채권자들은 사무실로 들이닥쳐 집기를 부수며 분풀이하는 일이 다반사였고, 남은 직원들의 멱살을 잡고 욕설을 퍼부었다. 사태를 정리하고 앞으로 어떻게 할 것인지 계획을 세워야 했다. 채권자들이 들이닥친 사무실에선 아무것도 할 수 없었다.

남산 아래쪽에 허름한 싸구려 일본식 여관에 방을 얻었다. 사장님과 나, 또 다른 직원 한 사람. 이렇게 세 사람은 그곳에서 매일 밤을 새우며 사업계획서를 다시 만들기 시작했다. 사업계획을 새롭게 수정하고 보완해서 채권자들을 설득하여 채무를 유예시킨 후, 자금을 마련하여 회사를 다시 일으켜 세우겠다는 계획서였다. 앞으로 10년 우리 회사가 가야 할 플랜을 꼼꼼히 적어 나갔다.

나는 일개 직원이었다. 하지만 회사의 장기 플랜 전체 그림을 그리면서 내 생각은 더 이상 일개 직원이 아니었다. 회사의 전체를 조망하고 미래를 설계하는 최고경영자의 마음으로 일하고 있었다. 수많은 밤을 새우며 회사를 정상화하기 위한 계획을 세우고 채권자들을 설득해 나갔고, 결국 정책자금을 받는 데 성공하자 회사는 살아나기 시작했다. 공장이 다시 가동되었고, 한 걸음씩 한 걸음씩 정상화를 향해 다가가고 있었다.

내가 겪었던 젊은 시절 직장생활을 이야기를 하면 이렇게 묻는 사람들이 있다.

"자기 회사도 아닌데 어떻게 그렇게 생각하고 행동할 수 있게 된 겁니까?"

그런 질문을 받고 돌이켜 생각해 본다. 중요한 것은 팩트가 아니다. 중요한 것은 태도이다. 이미 부도는 난 상태에서 팩트를 그대로 받아들이면 회사를 떠나는 게 맞다. 하지만 우리가 하는 일의 대부분은 팩트를 바꾸는 일이다. 꼴찌가 1등이 되는 경우는 사실을 그대로 받아들일 때가 아니라 태도를 바꿀 때 일어나는 기적이다.

만약 내가 대기업에서 직장생활을 처음 시작했다면, 또 내가 몸담았던 직장이 부도라는 위기를 겪지 않았더라면 어땠을까? 오히려 작은 기업이었기에 많은 것을 배울 수 있지 않았을까 싶다.

내가 처음 입사했을 때 배치된 부서는 경리부였다. 입사한 지 며칠 되지 않아 모든 게 낯설고 업무조차 제대로 파악되지 않았을 때였다. 경리부장이 퇴근을 하며 업무지시를 했다. 그동안 밀린 장부를 정리하라는 것이었다. 그런데, 부장님이 주신 장부를 들여다보니 기가 막혔다. 자그마치 거의 3년 치 장부가 제대로 정리되어 있지 않았다. 재무재표조차 익숙하지 않아 모르는 것 투성이의 신참 처지에 이걸 어떡하지 싶었다. 그렇다고 못하겠다고 할 수도 없는 노릇이었다. 일단 퇴근길에 서점에 들렀다. 회계와 관련된 책을 몇 권 골라 공부를 하며 장부를 정리하기 시작했다. 일을 하다 모르면 다시 책을 보고, 그렇게 석 달 넘게 단 하루도 빼지 않고 야근을 하며 전표 하나하나를 맞춰가며 다시 꼼꼼히 장부를 정리해 나갔다.

장부를 정리하며 아직 규모가 작은 회사라곤 하지만 이렇게 돈의 흐름이 정리가 되지 않았으니 문제가 생기겠구나 싶었다. 아니 이미 문제가 표면으로 떠오르고 있었다. 회사 사람들이 보지 못하고 있을 뿐이었다. 이때 경험은 내가 회사를 처음 시작하면서 단돈 100원도 품의서를 거쳐 장부에 기록하고 출납하는 시스템을 갖춰야 한다는 생각을 갖도록 만들었다.

은행과의 거래 상황도 마찬가지였다. 주먹구구식이었다. 게다가 경제가 풍선에 바람 들어가듯이 급성장을 하자, 은행에서 돈 빌린다는 것은 하늘에 별 따기와 같이 어려웠다. 당연히 사채시장이 커졌고, 그 회사 또한 사채를 많이 쓰다 보니 높은 이자에 재정적으로 부담이 컸고, 회계처리도 투명하지 못했다.

회사에 빚이 얼마가 있는지 정확히 파악하는 것이 중요하다고 생각했다. 그래야 변제 계획도 세울 수 있는 것 아닌가? 전체 재무를 파악하고 한눈에 파악하기 쉽게 일람표를 작성하여 결재를 올렸다. 사장님은 전에 보지 못했던 체계적인 보고서에 대견하고 만족스러워했다. 그리고 회사 회계시스템도 조금씩 모양을 갖춰가고 있었다.

나중에 알게 된 일이지만, 경리부장은 내가 자기 부서로 들어온 게 마음에 들지 않았다. 그래서 '어디 한 번 일에 치여 나가 떨어져라'는 마음으로 장부 정리를 지시했던 것인데, 그걸 내가 해내자 나에 대한 마음이 바뀌었다고 한다. 열심히 일하는 내 태도에 나중엔 불러 가르쳐 주고, 믿고 일을 맡겼다. 어느새 나는 회사에 꼭 필요한 존재가 되어 있었던 것이다.

아무리 생각해도 나는 사업가 팔자를 가지고 태어난 것 같지는 않다. 리스크를 감수하며 무리하게 지를 만큼 모험적인 타입도 아니고, 이익을 좀 더 남기기 위해 적당히 타협할 줄 아는 융통성도 없다. 원칙대로 일하는 것이 더 좋고, 내가 하는 일이 대한민국에 도움이 되었으면 좋겠다고 생각하는 타입이기에 어떨 땐 공직에 나가는 편이 더 낫지 않았을까 싶은 생각이 들기도 한다.

그런데 내가 선택한 직장에서 위기를 겪으며 세상을 보는 눈이 바뀌고 사는 방식이 바뀌었다. 그리고 지금은 CEO의 위치에 서 있다. 나는 사업가의 DNA가 따로 있다고 생각하지 않는다. 주인의 마음으로 일을 하고, 오너의 시각에서 직장을 들여다본다면 그가 바로 사업가이며, CEO인 것이다.

나는 30년 동안 아신을 세우고 이끌어 왔지만 단 한 번도 아신이 내 개인의 것이라는 생각을 해본 적이 없다. 나는 내가 영원히 일 할 수 있고 내게 월급을 주는 직장을 만들었을 뿐이다. 젊은 시절 직장에서 마치 오너처럼 일처리를 했듯이 지금도 아신에서 그때 젊은 시절의 마음 그대로 역할을 수행하고 있을 뿐이다. 아신이 더욱 튼튼하게 뿌리내려 아신의 가족들에게도 평생 좋은 일터가 될 수 있기를 바라면서.

'을'이어도 '갑'이라는 생각으로 일한다

요즘 업계의 화두는 '상생'이다. 경제 수준이 높아지자 이제는 분배의 문제가 화두가 된 것이다. 특히 기업에서는 대기업과 중소기업의 상생, '협력회사와의 상생'을 표어로 해서 사무실 벽에 붙여놓은 회사들도 많이 있다. 그런데 실제 거래를 하다 보면 숨어 있던 '갑을 관계'가 여지없이 고개를 내밀게 된다. 최근 사회적으로 이 갑을 관계 때문에 수많은 일이 있었다. 우리 회사도 수많은 업체와 거래를 한다. 그것도 '을'의 입장에서 거래한다. 그러다 보니 참기 어려운 일들을 많이 당하기도 했다. 하지만 늘 방법은 하나였다. 그것은 언제라도 나는 '갑'이라는 생각에서 일했다는 것이다.

몇 년 전의 일이다. 대기업에서 세운 소매점의 3PL을 맡았다. 늘 시작이 그렇듯 물동량이 많지 않았지만 앞으로 늘어나는 물동량을 보장한다는 조건으로 거래를 시작하게 되었다. 앞으로 늘어나는 물동량까지 감안해서 손해를 감수하고 요율을 낮게 책정했다. 그런데 시간이 흘러 소매점포는 늘어나는데 물동량은 늘어나지 않았고 낮은 요율을 책정했으니 당연히 적자를 볼 수밖에 없었다. 그런데 알고 보니 그 회사는 처음 약속과 달리 늘어나는 물동량을 우리 몰래 직접 처리하고 있었다.

그 조건으로 계속 거래를 할 수 없었다. 시정을 요구하든지, 새로운 계약을 만들든지 우리 회사 차원에서는 적자를 피할 다른 수단을 취해야 했다. 우리 회사의 한 임원과 담당 직원들이 해당 업체를 방문하기로 했는데, 그 회사로 가는 길에 우리 직원들이 이런 말을 했다는 것이다.

"아무리 그래도 그쪽을 자극하는 게 좋지 않을 것 같은데요."

"우리한테 물동량을 주는 회사인데, 좋게 얘기하는 게 좋겠죠?"

안타까웠다. 우리는 유통회사에서 물동량을 받아야만 하는 처지이다 보니 직원들이 늘 '을'로 생각하고 행동할 수밖에 없다. 저쪽에서 칼자루를 쥐고 있으니 눈치껏 알아서 처신하는 것이다.

을과 자신감, 그리고 주인의식은 삼각형 화살표 같은 것이다. 을이니까 일감을 받아내어 그것만 한다고 생각하면 큰 오산이다. 반대로 생각하면 아신이 최신의 유통물류 시스템을 갖추지 않았다면 그 회사는 우리와 거래하지 않았을 것이다. 아무리 을의 처지라 하더라도 자신감을 상실하면 협상의 여지가 없어진다. 왜 거래를 시작했는지 알고 자신 있게 협상에 임하면 좋은 결과를 얻을 수 있다. 그런데 본인이 대표가 아니니까 말 한마디라도 잘못해서 일이 어그러질까 봐 미리 주눅이 드는 것이다. 이럴 때 갑의 관점으로 대하면 상황이 달라질 수 있다.

또한 갑과 을을 떠나서 한 회사의 직원으로서 대외적으로 일할 때는 '내가 바로 회사다'라는 자세로 임해야 한다. 어디에서나 당당한 모습으로 일해야 한다. 우리는 작은 화살이다. 을이지만 주인의식을 갖고 자신감을 장전하면 어디든 날아가 명중할 수 있다. 둔탁한 큰 조직과는 다른 장점이 있다.

운이 좋았는지 계약을 갱신하기 위한 방문 미팅에서 우리의 목적은 어느 정도 달성이 됐다. 상대방의 회사도 문제점이 있다는 것을 인정하고 계약을 갱신하여 요율을 올려주기로 약속했다. 며칠 후, 구체적인 협의를 위한 미팅이 우리 회사에서 열렸고 나도 참석을 하게 됐다. 그런데 상대방 회사에서 온 담당자는 지난번 회의 때 계약 갱신을 약속했던 임원이 아니었다. 그리고 지난번과 전혀 다른 이야기를 하는 것이었다.

"지난번 이야기한 내용에 대해 인수인계는 받았습니다. 근데 이걸 원점에서 다시 검토해 봐야 할 것 같습니다."

요율을 올려주겠다는 지난번 약속을 백지 상태에서 다시 재검토하자는 것이었다. 이미 합의가 된 사항을 이행할 수 없다는 것이었다. 우리도 가만히 있을 수 없었다.

"아니, 왜 지난 회의 때 말씀하셨던 이사님하고 의견이 다른 거죠? 지금 말씀하신 건 회사에서 이미 결재를 받으신 건가요?"

"아뇨, 결정된 사항은 아니지만 제가 의견을 말씀드리는 겁니다."

상대방은 며칠 전 결정을 뒤집고 우리 회사에게 더 양보할 것을 주문하고 있었다. 우리로선 절대 유쾌하지 않은 이야기였다. 그러나 자기 회사의 이익을 조금이라도 더 챙기기 위해, 상사와 협의된 사항이 아님에도 자신의 의견을 관철하기 위해서 노력하는 모습이 눈에 띄었다. 나중에 회의가 끝나고 우리 회사의 임원도 이렇게 이야기했다.

"사장님. 욕심 같아선 저 친구 데려오고 싶네요."

회사의 일은 혼자서 하는 게 아니고서 늘 거래처가 있고 상대방이 있다. 상대가 갑이든 을이든 중요하지 않다. 문제는 상대로 하여금 '만만치 않은데?', '사안을 확실히 꿰뚫고 있는데?' 하는 생각이 들도록 하는 게 중요하다. 지금은 적이지만 내 편으로 어떻게든 끌어들이고 싶게 만드는 적이 되어야 한다.

비록 내가 몸담은 회사가 작더라도 생각은 대기업처럼 해야 한다. 스스로 자신감이 없으면 당당할 수 없다. 내가 을이니까 수동적으로 받아들여야 한다고 생각하는 순간 상대방은 나를 작게 보게 된다. 상대방이 다시 한 번 보게 하는 직원이 되어야 한다. 누르면 누르는 대로 들어가는 직원, 만만한 대상으로 상대방이 느끼게 한다면 부끄러운 것이다.

당당해야 한다. 그러려면 한 치의 부끄러운 일이 있어서는 안 되는 것이다. 작지만 강한 것이 명품이라고 직원들 스스로 명품으로 움직여야 회사가 살아남을 수 있는 것 아니겠는가. 개인의 역량 하나하나가 작은 기업에서는 매우 중요한 자산이다.

성공전략 9
비관도 낙관도 하지 않는다

나는 중간간부들과 회의할 때나 현장을 돌아볼 때, 직원들의 의견을 많이 들어 보려고 노력한다. 직원들의 의견이 위로 잘 전달되어야 회사가 건강하기 때문이다. 그럴 때, 자주 듣는 이야기 중 하나는 직원들이 느끼기에 별것 아닌 일조차 내가 너무 꼼꼼히 점검하고 대비하라며 걱정을 많이 한다는 것이다. 직원들은 그냥 넘어가도 될 만한 사항에 긴장시키고 때로는 야단을 치기도 한다는 것이다.

나는 성격이 부드러운 사람이다. 그러나 현장에 가면 매의 눈으로 쏘아보는 것에는 이유가 있다. 30년 유통물류 사업을 하면서 아주 작은 방심이 큰 사고로 연결되는 것을 여러 번 경험했다. 그러기 때문에 늘 점검하고 또 점검해야 한다.

게다가 일이라는 것은 늘 오늘도 어제처럼 똑같이 이뤄지지 않는다. 어떤 돌발사태가 벌어질지 모른다. 그리고 그렇게 갑자기 터지는 사고들은 미리 긴장하고 준비하고 있을 때만이 해결할 수 있기 때문이다. 세상은 늘 낙관적으로 바라보고 잘 될 것이라는 긍정적 마음으로 살아가야 한다. 그러나 준비와 대비는 늘 최악의 상황을 생각해야 한다.

요즘 많은 사람이 '긍정의 힘'에 주목하고 있다. 잘 되리라 확신하고 '할 수 있다, 성공한다'를 외칠 때 성공의 가능성이 더 높아진다는 것이다. 나 역시 긍정의 힘으로 젊은 시절을 살아왔다. 나는 해낼 수 있다고 생각했고, 해낼 수 있도록 노력했다. 그러나 '부정의 힘'에 대해서도 우리는 생각해보아야 한다.

이 얘기는 매사를 비관적으로 보고 안 될 것에만 대비하라는 것이 아니다. 긍정적으로 생각하고 낙관적으로 일을 추진하는 것과 동시에 혹시 안 될 수도 있을 상황을 예측해서 대비하자는 거다. 비전을 가지고 일을 해나가야겠지만, 만약에 안 될 경우에는 어떻게 할 것인지를 생각해야 한다.

IMF 외환위기 당시 수많은 기업들이 우수수 무너진 것 또한 모든 걸 너무나 긍정적으로만 봤기 때문이다. 1안, 2안, 3안을 준비해놔야 한다. 사주는 20, 30년을 내다봐야 하고 사장은 10년, 임원은 3년에서 5년은 내다볼 줄 알아야 한다.

IMF 외환위기는 기업들에겐 예방주사가 되었다. 팽창 위주의 경영을 외치던 기업가들은 지독한 고통을 겪고 난 후, 건강한 재무구조가 얼마나 중요한지 뼛속 깊이 새기면서 기업들은 위기관리 시스템을 구축했다. 그 덕분에 10년 후 불어온 국제금융위기 속에서 다국적 기업들이 휘청거릴 때, 한국 기업들은 오히려 국제경쟁력을 갖추고, 한 단계 더 도약할 수 있었다. 이것이 바로 최악을 대비하는 '부정의 힘'인 것이다.

부정의 힘에 주목하고 최악의 상황을 가정하고 대비하는 습관을 다져놓으면, 위기를 쉽게 이겨 낼 수 있다. 위기가 닥쳐온다는 것을 알고 있다면, 그것은 위기가 아니다. 위기에 대비한 준비가 되어 있다면 최악의 위기는 오지 않기 때문이다.

위기는 준비하지 않은, 무방비 상태로 있는 사람을 덮친다. 내가 젊은 직원들에게 하고 싶은 말은 이것이다. 특히 요즘과 같은 치열한 경쟁구조에서 제대로 준비하지 않은 취약한 중소기업은 단 한 번의 충격에도 무너질 수 있다.

우리 회사는 신용이 생명인 회사다. 만약 물품 배송과정에서 주문한 물품이 빠지는 일이 발생한다고 가정해 보라. 점주는 우리를 의심하게 될 것이고 그동안 배송 과정에서 확인 검수를 하지 않던 점주는 확인하려 할 것이다. 검수를 하다 보면 배송 시간은 한없이 늘어난다. 그리고 배송시간의 지연은 치명적인 비용 상승으로 이어지고, 회사 경영에 어려움을 가져오게 된다.

작은 실수는 구르는 눈덩이다. 단 한 번의 오배송이 회사의 경영을 어렵게 할 수도 있다. 고객과의 약속을 반드시 지키기 위해 아주 작은 것 하나에도 긴장을 늦추면 안 되는 것이다.

지금 이 자리에서 승부한다

21살 대학생이 고민을 토로한다. 자신이 확실히 뭘 좋아하는지 모르겠다고. 좋아하는 게 많은 것 같기도 하고 없는 것 같기도 하다고. 게다가 한 달 후면 입대하는데, 제대하고 나서 뭘 하면 좋을지 벌써 걱정이 된다고.

스님이 반문한다. '나는 뭘 해야 한다'는 생각을 왜 하느냐고. 그 학생은 순간 허를 찔린 듯 머뭇거린다. 스님은 개의치 않고 얘기를 이어간다. 군대에 아직 가지도 않았는데 왜 벌써 제대 후를 걱정하느냐고. 그러면서 결론을 내리는데, 학교 다닐 때 국어 시간에 눈치 보며 딴 공부한 적 많았는데 국어 시간에는 국어를 공부하는 게 가장 효율적인 거라고.

군대에 가서는 군대에서 할 수 있는 것들을 해라, 딴 생각하는 건 어리석은 일이다. 나중에 '아, 그때 군대에서 운동을 더 열심히 했어야 하는 건데!' 하고 후회 많이 하는데, 왜냐하면 그때 그 순간, 그때 그 곳에서 할 수 있는 경험이 가장 소중한 것이기 때문이다. 어디에 있든 그 안에서 재미를 붙여서 적극적으로 사는 게 제일 잘 사는 거라고 말씀하신다.

이 얘기는 법륜 스님의 그 유명한 '즉문즉설'에 나오는 한 풍경이다. 이 얘기는 우리 회사에 들어오는 직원들에게 내가 꼭 해주고 싶은 얘기다. 법륜 스님이 하신 얘기는 현재에, 지금에 충실하라는 것, 다시 말해 지금 열심히 하라는 것이다.

사람들은 열심히 살라 하고, 살고 싶어 한다. 열심히 한다는 건 지금 자신에게 주어진 것에 최선을 다한다는 것이다. 돌아보면, 나 역시 회사 생활을 하면서 새로운 환경에 적응하는 데 시간이 필요했고, '이 회사가 내 것'이라 생각하기까지는 꽤 오랜 시간이 필요했다.

특별히 업무에 적성이 너무나 안 맞아 고생하는 것이 아니라면, 직장생활 1년은 새로운 환경에 적응하기 위해 노력하면 오히려 쉽게 지나간다. 그리고 한 3년쯤 되면 업무에 익숙해지면서 다른 생각을 하게 된다. 회사에 못마땅한 것들도 보이기 시작하고, 다른 회사를 가면 나을 듯도 싶다. 헌데 분명한 것은 이곳이 못마땅해서 나간 사람은 다른 곳에 옮겨 가더라도 여전히 불만스러운 경우가 많다는 것이다.

중요한 것은 지금 내가 하는 일에 대해 불만스러운 부분이 있다면 내가 그것을 고쳐 보려 노력하라는 것이다. 불평만 하는 사람과, 불만스러움을 고쳐 보려고 노력하는 사람. 그 결과는 엄청난 차이가 나게 된다.

　직장을 선택할 때 물론 내게 맞는 곳인지 심사숙고해야 한다. 그리고 직장을 선택했다면 내가 이곳에서 무언가 해내겠다는 마음으로 승부를 걸어야 한다. 그럴 때 더 많은 것을 배울 수 있고, 더 많은 것을 내 안에 쌓을 수 있다. 그것이 바로 내공이 되는 것이다.

　이건 비단 사람에게만 국한된 이야기는 아니다. 스타벅스에서 커피가 아닌 다른 것을 판다면, 맥도날드에서 햄버거가 아닌 다른 것을 판다면, 페덱스에서 물류가 아닌 다른 사업을 추진했다면, 이케아에서 가구가 아닌 다른 사업을 벌였다면? 우리가 아는 세계적인 기업들은 한 분야에 전념한 기업들이다. 삼성도 마찬가지이다. 삼성전자는 알아도 삼성그룹을 다른 나라 사람들이 얼마나 알겠는가. 바로 자기가 선 그 자리에서 승부를 봐야 사업도 확장하고 시련도 헤쳐나갈 수 있다. 눈앞의 산을 넘지 못하면 다음 봉우리에 도전할 수 없지 않은가.

　지금 자기에게 주어진 일을 하면서 '내가 왜 이런 곳에서 이런 일을 해야 하지?' 라고 생각하면 절대로 제대로 일을 배울 수 없다. 어찌어

찌해서 시간이 흐른다 해도 일을 통해 배울 것이 없으니 내공으로 쌓이지 않게 되는 것이다. 그렇게 되면 세월이 흐르고 경력은 쌓이겠지만, 마음은 텅 비고, 실력은 없어 인정받지 못하고 살아가게 된다.

그런데 요즘 보게 되는 젊은 친구들은 부모에게 과도하게 의존하는 생각을 하는 걸 자주 본다. 너희 부모가 평생 너를 도와주지 않는다고 얘기를 해도 부모가 자신을 도와주는 것을 당연하게 생각하는 친구들이 적지 않다. 부모가 자신을 낳았으면 자기를 살 수 있게 해야 하는 거 아니냐는 사고를 하는 듯하다. 내가 어려우면 부모가 당연히 도와줘야지, 내가 능력이 부족하면 부모 재산 가지고 살면 되지, 하는 젊은 이들이 많이 보인다.

그러나 이런 생각을 하는 사람도 조직에서 3년을 버티면 생각이 달라질 것이다. 바로 자기가 하는 일에 얼마나 재미를 붙이느냐에 달린 것이다. 일단 재미 붙이고, 성과 내고, 자립심 생기고, 세상을 바라보는 시야를 넓히다 보면 지금 자신이 선 바로 그 자리가 승부처가 될 수 있다. 얼마나 간단한 성공공식인가. 그럼에도 우리가 이 성공공식을 따라가지 못하는 것은 자기 자신을 똑바로 보는 눈을 갖추기 못했기 때문이다. 욕심이 자기 자신을 앞서 갈 때 사실은 자기 자리에 대한 회의가 들 수밖에 없다.

많은 사람이 그렇겠지만, 나 또한 세상에 무언가 기여하고 싶었다. 내가 물류를 처음 시작했을 때, 많은 사람들이 아직 이르다고 만류하는 것을 뒤로하고 밀고 나간 이유는 유통물류야말로 우리나라에 꼭 필요한 기간산업이라 생각했기 때문이었다. 경부고속도로가 우리나라 산업에 기여한 것처럼, 나 또한 유통물류의 고속도로를 닦아 산업에 이바지하고 싶었다. 우리나라에선 아직 아무도 시작하지 않았던 새로운 분야, 그곳에서 내가 주춧돌을 놓아 대한민국 물류의 선두주자가 되고 싶었다.

아신의 미션은 원칙을 준수한다, 열정을 불태운다, 최고를 지향한다 3가지이다. 지금 이 자리는 끝이 아니라 시작이다. 바로 이 자리에 승부를 걸어야만 10년도 내다볼 수 있다. 아신은 10년 후 어떤 자리에까지 올라가 있을까? 그 생각으로 지금도 길을 달리는 것이다.

신중하게

아신 물류의 역사는 곧 우리나라 물류센터의 역사이기도
하다. 아신 최초의 물류센터는 1990년 9월 가락동의 한 상
가빌딩 1층의 30평 공간이었다. 점점 물동량이 늘어나면서
주변의 곳곳을 임대하면서 사용할 수밖에 없었는데, 우리
의 꿈은 제대로 된 시스템을 갖춘 자가 소유의 대형 유통
물류센터를 직접 건립하는 것이었다. 아래는 준공을 앞둔
남사통합물류센터 투시도이다.

思 생각하고

전북세계물류 박람회에서 아신을 알리다 2007
영국 테스코 귀빈 방문 2012
남사물류센터 기공식 2013

篤 확실하게

은탑 산업 훈장 수훈 2003
제17회 한국유통대상 지식경제부 장관상 수상 2012
유통 포럼에서의 김홍규 회장 2012
분당 서울대학교병원 발전후원 2012
산업은행 장학금 수여 2011

제17회 한국유통대상 시상식

2012. 12. 17(월)

주최 : 대한상공회의소 매일경제 후원 : 뉴

"세상 모든 길로 당신을 만나러 갑니다"

분당서울대학교병원 발전후원금 전달식

2012. 10. 24. (수) 16:00 장소 : 3층 소회의실

行 행하다

직원과 회사가 하나되어 큰 발걸음을 내딛는 아신

ㅈ

3부

NEXT ASEEN,

소비자에게 유리한 유통을 생각한다

A 왜 동네 슈퍼에는 내가 원하는 인기 상품이 없는가

한때 동네 구멍가게는 눈이 휘황하게 돌아가는 요술램프 공간이었다. 오후 4시가 넘으면 어김없이 새 판에 놓인 두부가 들어왔고, 두부의 첫 모를 사게 된 새댁의 얼굴에는 꽤 신선한 두부를 샀다는 의기양양함이 피어났다. 백열전구를 사러 가면 60촉? 30촉? 묻는 가게 아저씨 말에 다시 집에 가서 아버지께 몇 촉으로 사오느냐고 물어보는 아이도 있었다. 밀가루 범벅의 가짜 초콜릿을 처음 만난 곳, 겨울이면 제일 먼저 설치되던 호빵 찜기를 처음 구경한 곳도 동네구멍가게였을 것이다. 3, 40대 성인 중에는 나중에 커서 구멍가게 주인이 되고 싶다던 이들도 있었을 것이다.

요즘 동네 구멍가게는 어떤가. 단언컨대 동네 구멍가게 사장을 꿈꾸는 이는 없으리라. 이름도 구멍가게는 없어지고 나들가게나 슈퍼, 혹은 이름 모를 편의점이 그 자리를 메웠다. 그조차도 아닌 그냥 가게는 상상도 하기 싫을 것이다. 우중충한 조명에 언제 갖다놓았을지도 모를

화장지 다발과 날짜 임박한 우유, 먼지가 쌓인 과자봉지와 구겨진 비닐봉지, 손님이 가도 TV만 쳐다보고 있는 가게 주인까지. 아마 이런 가게에는 두 번 다시 가고 싶지 않을 것이다. 카드라도 긁을라치면 세모 눈을 하고 쳐다보니 누가 편하게 동네 가게에 가겠는가. 게다가 자신이 원하는 제품도 없다. 신선한 우유를 먹고 싶은데 유통기한이 다 되어가는 우유뿐이고, TV에서 광고하는 방금 출시된 과자를 사러 가면 갈 때마다 없고, 유행이 다 지나고서야 살 수 있다.

왜 동네 구멍가게는 이렇게밖에 못하는가. 나는 착한 소비자여서 동네 슈퍼 살리기에 앞장서고 싶은데 동네 슈퍼에 가고 싶지 않은 이유는 100가지도 넘는다는 주부들이 많다. 게다가 동네 슈퍼 반경 1킬로미터 이내에 마트나 깨끗한 기업형 슈퍼마켓이 다 있으니 점점 동네 슈퍼를 꺼리게 된다고 한다.

우리 동네 슈퍼에는 왜 내가 원하는 제품이 없는지 그 이유를 각각의 입장에서 살펴보자.

우선 제조사 입장에서 보자면 소매점에 다 갖다 줄 수가 없어서 인기상품은 대형 유통점, 중도소매점, 소매점 등 많이 팔리는 우선순으로 공급하게 되고 비인기상품이나 쌓인 재고제품을 일반소매점으로 밀어낸다. 제조사 입장에서는 동네 슈퍼 몇 군데 갖다 줄 인건비와 차량비 등을 생각하면 차라리 대형 할인점에 더 많이 공급하는 게 물류비도 절감하고 여러모로 낫다.

소매점 입장에서는 필요한 수량만큼 제조사에서 갖다 주고 팔리는 만큼 결제하면 좋겠는데 인기 제품은 소매점까지 공급을 안해준다. 필요하면 여러 경로를 거쳐 현금을 주고 사와야 한다. 반면 소비자 중에는 몇 천 원치를 사고 카드를 내는 손님도 있다. 카드를 안 받을 수도 없고 카드 수수료 빼고 나면 남는 것도 없다. 이마저도 안 하면 오던 손님도 안 오니 이러지도 저러지도 못한다.

소비자의 눈에서 보자. TV를 보다가 새로 나온 과자 광고를 보았다. 과자 하나 사자고 마트까지 가기에는 그렇고 집 앞 슈퍼에 사러 갔다고 치자. 가면서 생각해보니 고무장갑이 구멍이 나서 사야겠다는 생각이 드는 거다. 과자도 사고 고무장갑도 사러 슈퍼에 갔더니 내가 원하는 크기의 고무장갑이 없다. 또 생각해보니 저녁 반찬거리도 마땅치 않다. 그래도 계산하려는데 카드를 내니 주인아저씨가 노골적으로 싫어하는 것 같다. 그럼 반찬거리도 살 겸, 이것 저것 살 겸 조금 더 가면 있는 대형 할인점에 가게 된다.

이제 도매물류업체 입장에서 생각해보자. 제조사에서는 대형 유통회사에 주는 물건값과 대리점, 도매업체에게 주는 물건값을 각각 다르게 책정한다. 도매업체는 비싸게 사서 중간 이윤을 포함하여 소매점에 공급하기 때문에 대형마트보다 비싸게 공급할 수밖에 없게 된다.

우리가 각각의 입장에서 생각해봤을 때 우리나라 유통구조 상 동네 슈퍼에서 인기 제품을 만날 기회는 점점 줄어들고 있다. 제조사와 소비자, 유통사들이 각자 나름의 고민을 안고 있다.

제조사는 많이 팔아서 이윤을 남겨야 하는데 유통 난맥 때문에 뜻대로 공급하지 못하는 애로 사항이 있고, 유통사는 유통원가를 줄일 방법을 계속 찾아야 한다. 소비자는 자신이 원하는 제품을 언제 어디서나 합당한 가격으로 사서 소비 활성화에 앞장설 기회를 찾고 싶어 한다.

지금의 유통 난맥은 어느 누구 한 사람의 노력으로 해결된다고 생각하지 않는다. 동네 슈퍼에서 내가 원하는 제품을 만나려면 우리에게는 과연 어떤 노력이 필요할까?

대형유통사가 동네 슈퍼에 미친 영향

1996년 유통시장 전면 개방 이후 유통 산업 전반에 걸쳐 우리 유통 시장은 급속한 구조적 변화를 맞이했다. 월마트나 까르푸, 테스코 같 은 세계적 유통사들이 국내에 들어오도록 시장을 개방하면서 국내 대 기업들이 이 세계적 유통사를 벤치마킹하여 국내 대형유통사를 계열 사로 거느리게 되었다. 게다가 다국적 기업 지분이 90%가 넘는 사실 상 외국 기업을 국내 토종기업으로 잘못 알고 있는 경우도 있다. 이렇 게 급성장한 국내 유통시장은 양날의 검 같은 긍정과 부정의 두 가지 측면을 지닌다.

긍정적으로 봐야 할 부분은 국내 유통시장이 매우 활성화되었다는 점이다. 유통시장 자체 파이가 커지게 한 대형유통사의 공로는 무시할 수 없다. 그러나 대형유통사의 출현은 우리가 늘 경계하는 공룡 기업 의 출현을 산업계에 낳았다. 유통산업이 동반 성장하기는커녕 대형유통사의 배만 불리도록 성장했다는 부정적 관점이 생길 수밖에 없었다.

　정부가 유통시장을 개방할 당시만 해도 우리나라 제조업체들은 밀어내기식 영업을 하고 있었다. 판매 목표를 먼저 세우고 제품을 만든 다음, 도매상과 대리점에 밀어내는 영업을 하다보니 소매유통점은 밀어내는 제품을 고스란히 떠안았다. 여기에 유통시장 개방으로 외국자본까지 들어오니 소매유통점과 중소도매업체들은 더욱 영세해지거나 쇠락의 길을 걸을 수밖에 없게 되었다.

　실제로 2000년대 대비 2012년 통계를 보면 편의점이 387%, 무점포 소매업이 321.6%, 대형 할인점이 159.5% 성장했지만, 슈퍼마켓은 오히려 마이너스 1.9% 성장을 기록했다. 유통시장 개방 이후 4인 이하

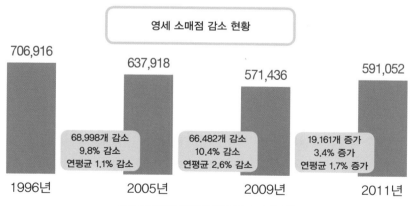

영세 소매점 감소 현황

706,916

637,918

571,436

591,052

68.998개 감소
9.8% 감소
연평균 1.1% 감소

66.482개 감소
10.4% 감소
연평균 2.6% 감소

19.161개 증가
3.4% 증가
연평균 1.7% 증가

1996년　　　　　2005년　　　　　2009년　　　　　2011년

2013 제2차 중소유통정책 심포지엄 : 자료 통계청

직원이 운영하는 영세소매점은 약 12만 개가 폐업하였고, 그 숫자가 2009년까지는 날로 증가하였다.

이는 사실상 동네 영세상인과 대형유통사의 전면전을 의미하는 것이기도 했다. 대형 할인점은 2000년대 중반부터 성장이 둔화된 시점에서 SSM이라 불리는 중형 규모의 점포 개설을 시작한다. 처음에는 번화가나 대단지 아파트에만 있더니 규모를 점점 작게 만들어 작은 동네 골목까지 출점하기에 이르렀다. 결국은 상권을 놓고 동네 슈퍼마켓과 직접적인 갈등을 일으킨다. 이후에 대형마트 영업시간 제한이라든지 유통법이나 상생법 같은 법 조례 제정이 나오게 하였지만 아직도 동네 슈퍼마켓이 살 길은 요원해 보인다.

소비자 입장에서는 마트를 그대로 축소해 놓은 듯한 SSM의 개설이 반갑기만 했을 것이다. 무엇보다 깨끗하고 물건을 찾기 쉽게 진열해서 동네 슈퍼마켓과 차이가 컸다. 정부에서 나름대로 지원한다고 간판교체 사업이나 물류센터를 건립하는 등 나섰지만, 아직도 골목 상권이 살아나기에는 역부족이다.

최근 대형유통업체는 정부의 규제가 강화되자 동네 슈퍼마켓에 '상품공급'이란 이름으로 계약을 맺어 시장을 지배하려는 시도를 하고 있다. 이는 도매업에 진출하려는 의도인데 이렇게 되면 유통업은 날이 갈

수록 더 어려워진다. 날로 커가는 바잉파워로 제조사에서 더욱 싸게 공급받아 전체 유통을 잠식하면 상품공급과 수요에 독과점력을 높여 그야말로 거대 공룡이 되어 제조업체는 물론 소비자 가격까지 조정하는 초유의 사태가 벌어지고 말 것이다. 비싼 상품을 먹으라면 먹을 수밖에 없는 구조가 발생할 수 있다. 이는 기우가 아닌 현실이 될 것이다.

즉 대기업의 독과점 규제가 무너지면 그 피해는 고스란히 소비자에게 돌아온다. 정부가 독과점을 규제하는 것은 시장지배력을 확장한 몇

몇의 대기업이 그 우월적 지위를 남용해 가격을 마음대로 올리거나 협력업체에 불공정 행위를 강요하는 것을 막기 위해서이다.

예를 들어 우리나라 정유 분야에는 빅4가 있다. 이들의 시장 점유율이 98%이다. 소비자가를 자율로 책정하게 되어 있지만 빅4가 비싸게 공급하면 주유소에서는 전국 어디서나 비슷한 가격의 기름을 팔게 된다. 정유사들은 국제 유가가 오를 때는 국내 유가에 오름세를 신속하게 반영하면서 국제 유가가 내릴 때는 시차를 두고 천천히 반영한다. 독과점이 아니라고 하고, 국제유가의 시차 반영을 영업기밀이라고 주장하면 이를 막을 방법은 전혀 없다. 빅4 외에는 다른 대안이 없으니까 주유소는 정유사에게 끌려 다니는 구조가 발생하게 되는 것이다. 정부의 주도하에 알뜰주유소가 생겼지만 소비자가를 낮추기에는 역부족이었다. 이런 독과점 현상이 유통시장에서도 충분히 일어날 수 있다.

⟁ 시스템을 갖춘 도매물류가 살아나야 하는 이유

대형유통사들이 시장 확장을 위해 상품 공급점을 내기 시작했고, 이는 중소상인들의 거센 반발에 부딪혀 중도에 대형유통사의 상품 공급점 진출 금지라는 규제까지 만들었다. 그러나 변칙적인 상품 공급점 진출은 멈추지 않고 있다.

대형유통사로부터 물건을 공급받는 상품 공급점 주변의 중소 슈퍼마켓 10곳 중 7곳의 매출이 줄어들었다. 2013년 중소기업중앙회가 상품 공급점 반경 1㎞ 이내 중소 슈퍼마켓 300곳을 대상으로 벌인 '상품 공급점 주변 상가 경영실태 조사'에 의하면 응답자의 69.4%가 매출이 줄었다고 답했다. 그 가운데 25.7%는 "매출이 30% 이상 감소했다"고 답하면서 매출 감소의 원인으로 상품 공급점이 인근 슈퍼마켓보다 평균 10.1% 싸게 판매하고 있기 때문이라고 했다. 상품 공급점의 54%가 인근 슈퍼마켓보다 평균 13.4% 싸게 판매하고 있다는 것이다.

이름만 대면 다 아는 대형 할인점들이 상품 공급점이라는 이름으로 자신들의 브랜드 가치를 그대로 팔고 있다. 상품을 대형유통마트에서 판매하는 것과 똑같이 공급하는 것은 물론이요, 간판이나 로고, PB상품, 심지어는 유니폼도 대주는 것이 상품 공급점이다.

여기서 판단해 볼 것은 이 상품 공급점이 독과점을 불러올 대형유통사와 무엇이 다른가이다. 다른 게 없으니까 문제인 것이다. 이름만 상품 공급점이지 마트를 그대로 옮겨놓은 것이라, 중소 슈퍼마켓을 운영하는 응답자 90.7%가 "상품 공급점은 대형 유통업체의 변형 출점이므로 규제가 필요하다."고 답한 것 아니겠는가(2013. 11 상품공급점 주변상가 경영실태 조사 : 중소기업중앙회).

정부에서 골목상권과 시장을 살리겠다고 대형마트의 휴무일, 영업시간 규제까지 지정한 마당에 똑같은 대형마트가 상품 공급점이라는 이름으로 동네에 들어와 버젓이 휴일도 없이 물건을 팔고 있는 셈이다.

제조사에서는 물건을 만들고, 유통업자는 유통하고, 소비자는 소비를 한다. 아무리 많은 제조사가 힘들여 좋은 제품을 만들어도 힘 있는 유통사가 일부 제품만 선호해서 유통하면 소비자는 선택 소비할 기회를 제한 당하게 된다.

극단적으로 보자면 독과점을 행사할 수 있는 대형유통사가 제조사에 "이 물건은 안 팔려서 판매할 수 없습니다." 라고 말한다면 제조사가 그 제품을 생산해낼 수 있겠는가. 소비자에게 "이 물건이 제일 좋습니다."라고 말한다면 소비자는 다른 대체 제품이 없으니 권하는 제품을 소비하게 된다. 즉, 자율경쟁체제가 무너지게 되고 유통생활에 심각한 균열이 생기는 것이다. 가격경쟁력과 더불어 제조경쟁력, 유통경쟁력을 갖추고 건강한 소비생활을 하려면 반드시 도매물류업이 살아남아야 한다.

상품 공급점 사업은 기존의 도매물류업체의 FVC 사업을 모방한 것에 지나지 않는다. FVC(Franchise Voluntary Chain)란 프랜차이즈형 볼런터리 체인의 약자인데 FVC는 체인본부와 가맹점으로 구성된다. 가맹점은 경영의 독립성을 유지하고 본사와의 계약을 통해 일부 통제를 받는 형식이다. 같은 상호로 점포를 인테리어하고 매장유니폼이나 POS 시스템을 공급받는 형식을 취한다. 이는 경쟁력 면에서 아무래도 대형마트에 뒤질 수밖에 없는 영세 상인들이 공동으로 취할 수 있는 대응방식이라고 할 수 있다.

대형유통사에서 새로운 사업으로 구상한 상품 공급 사업은 도매물류업체와 소매업체 사이의 거래방식을 모방한 것이다. 대형유통업체는 이런 논란의 대상이 되는 상품 공급 사업을 시급히 바로잡을 필요가 있다. 자본에 당할 수 있는 것은 아무것도 없다. 대형유통업체는 자본력을 앞세워 규모로 밀어붙이는 사업을 자제하고, 중소유통업체나

도매물류업체와는 다른 사업방식을 구상해야 한다.

물론 정부도 상품 공급점으로 촉발된 이런 대형과 중형, 혹은 영세 상인 사이의 갈등을 풀어야 할 책임이 있다. 정부는 대형유통사의 시장지배력 확대를 막고 시장의 균형 발전을 위해 도매물류업체와 소매 사업체 간의 FVC 사업방식을 더 활성화시켜야 할 것이다.

∩ 소비자에게 유리한 공급시스템이 필요한 때

　현재 미국은 월마트를 비롯한 대형마트 외에 동네 작은 가게는 구경할 수가 없다. 하지만 20~30년 전 미국에도 동네마다 한국과 같은 구멍가게가 있었다. 30대 중반의 미국인들은 집에서 가까운 가게에서 간식도 사고, 집에서 필요한 간단한 잡화도 샀던 기억을 가지고 있다. 하지만 이제 미국의 대부분 도시에서 이런 작은 가게는 볼 수가 없다. 아주 작은 시골 마을에서나 마치 골동품처럼 진열된 작은 점포를 볼 수 있을 뿐이다. 모든 도시에 대형마트가 자리 잡으면서부터 바뀐 풍경이라 했다.

　작은 가게가 없어지자, 사람들은 차를 타고 마트로 가야만 했다. 그러다 보니 도시에 사는 사람들은 더더욱 몸을 움직일 일이 없어졌다. 마트에서 파는 인스턴트 음식으로 식사를 해결하고, 걷는 일이 거의 없으니 나날이 비만환자들이 늘어갔다. 조금 비약된 이야기로 들릴지도 모르지만, 나는 대형마트 위주의 유통구조가 미국의 비만지수를 높인 이유 중의 하나가 아닐까 생각한다.

그뿐만 아니라 사업자들에게도 불합리한 구조가 나타났다. 미국에서 식당을 운영하는 많은 업자가 식품공급 도매업체 1위인 시스코(Sysco)와 2위인 US푸즈(US Foods)에서 식품을 납품받는다. 2012년 US푸즈가 미국 정부에 송장 비리 관련 문제로 조사를 받게 되자 시스코(Sysco)로 납품업체를 바꾸는 이들이 많았다.

하지만 2013년 US푸즈와 시스코가 인수합병이 가시화되면서 식당 업자들은 선택의 여지가 없어져버렸다. 예전만 해도 US푸즈 아니면 시스코라는 대안이 있었다. US푸즈와 시스코가 서로 가격경쟁을 하면서 납품가에 대한 압박을 서로 가했는데 이제는 최강자 하나만 남게 되어 가격조정능력 자체를 한 업체가 독점하게 된 것이다.

이 두 회사가 한 해 동안 올리는 매출은 650억 달러를 웃돈다. 우리 돈으로 환산하면 72조라는 어마어마한 돈이며, 페이스북의 시장가치와도 맞먹는 수치이다. 이런 업자가 탄생하면 그야말로 거대 공룡기업이 될 것이며, 시장 자체가 교란상태에 빠질 수도 있다. 쉬운 말로 주는 것만 먹는 시대가 올 것이란 말이다. 그들이 주장하는 말로는 가격은 내려가고 서비스는 좋아질 것이라고 하지만 그 말을 믿는 사람이 과연 얼마나 될까.

우리나라도 머지않은 미래에 이런 유통공룡이 출현할 가능성이 전혀 없지는 않다. 우리나라와 미국의 소비 형태는 닮은 점이 많아 어렵지 않게 유추해 볼 수 있다.

그 가운데 한 가지가 냉장고 크기다. 미국이나 우리나라는 거의 냉장고가 600~700리터짜리를 쓰고 있다. 저장 공간이 넓다 보니 장을 일주일에 한 번 보게 되고 신선식품보다는 저장식품 위주로 소비한다. 가까운 일본만 해도 대부분 300~400리터짜리 냉장고를 사용하고, 일주일에 서너 번 신선식품 위주로 장을 보는 소비 형태를 주로 띤다.

미국이나 한국이나 동네 슈퍼가 자꾸만 사라지는 이유 가운데 하나는 이런 식습관 때문이다. 소비자들이 소비자가를 손쉽게 조정하는 힘을 가지려면 지금 당장 냉장고 크기부터 줄이고 신선식품 위주로 자주 장을 보는 게 맞지 않나 하는 생각을 한다.

연예인들 가운데 몇몇은 알뜰 주부라며 방송에 나와서 이런 말을 서슴지 않고 한다.

"콩나물 같은 간단한 건 집 앞에 있는 슈퍼에서 사구요, 뭐 이것저것 살 것 많고 하면 마트에 가요. 아무래도 마트가 싸니까요."

유통을 모르니 그런 소리를 할 수밖에. 마트라고 해서 무조건 다 싸지 않다는 건 이제 초등학생도 다 안다. 단지, 집 앞에 걸어가서 사는 수고가 번거로울 뿐이고, 왠지 슈퍼를 작고 초라하게 생각하는 그 의식에 문제가 있는 것이다.

그렇다고 소비자만 탓할 수는 없다. 소비자의 마음을 사로잡지 못한 동네 슈퍼에도 책임이 크다. 가격이 무조건 싸다고 해서 발길을 돌리지는 않는다. 소비자는 여러 가지를 충족해 주어야 지갑을 여는 아주 까다로운 상대이다. 가격도 싸고, 질도 좋고, 쇼핑하기에 편리하다는 세 가지 조건 정도는 충족해주어야 소비자의 발길을 잡을 수 있다.

그러면 어떻게 가격은 낮추고 물건을 다양하게 구비하여 소비자가 편리하게 쇼핑할 수 있는 공간으로 거듭날 수 있을까?

무엇보다 고려되어야 할 것은 제조사가 싼 가격에 전문 유통물류업체에 상품을 공급하는 것이다. 유통의 단계가 많아지면 많아질수록 소비자는 비싼 가격에 상품을 구매할 수밖에 없다. 한 점포에 상품을 공급하는 유통라인이 전문 물류업체를 통해서 일괄 정리되면 동네 슈퍼에서도 대형마트와 다름없는 상품을 진열 판매할 수 있다. 그러나 현재는 제조사가 대형유통에 더 저렴한 가격을 제시함으로써 대형유통사에 힘을 더 실어주고 있는 현실이다.

전문 유통물류업체가 제조사로부터 저렴한 가격에 원활하게 상품을 공급받는다면 여러 소매 점포에 좋은 조건으로 더 많은 제품을 싸게 공급할 수 있다. 대형유통사는 제조사로부터 좋은 상품을 저렴한 가격에 사들이는 바잉파워가 매우 크다. 대형유통사만큼의 바잉파워를 중소 도매업체도 갖춘다면 골목상권도 그만큼의 경쟁력을 갖추는 것이다. 전문 도매물류업체들은 일반 슈퍼나 소매점에 적합한 물류시스템을 갖추고 있다. 여러 가지 품목을 낱개로 소분해서 모든 제품을 한꺼번에 공급할 능력을 이제까지 갖춰왔다. 대형유통에서 박스 단위가 아니면 판매하지 못하던 제품들을 전문도매물류업체들은 소분해서 낱개로 판매할 인적, 기술적 시스템을 갖추고 있다.

이 모든 과정에서 가장 우선시되고 고려되어야 할 대상은 소비자이다. 유통공룡이 출현하여 시장을 독식하고, 동네 슈퍼가 다 문을 닫으면 소비자는 어떻게 소비생활을 하게 될 것인지 불 보듯 뻔하다. 껌 하나 사러 마트에 차를 타고 나가는 일이 머지않아 생긴다. 늘 냉장고에 가공식품들이 넘쳐나고 버리는 식자재도 엄청나게 쏟아지게 된다.

우리 소비자들에게 유리한 유통이란 과연 무엇인가. 대 · 중 · 소 유통이 모두 살아야 소비자의 선택권리가 넓어지고 가격 면에서나 품질 면에서나 경쟁력 높은 제품들이 더 많이 탄생하게 될 것이다.

㉮ 동네 슈퍼에 시스템이 필요한 이유

아신의 3System인 One-stop Service, Just In Time, Cold-chain 이 세 가지를 모두 활용하여 경쟁력을 높여가는 동네 슈퍼들이 속속 늘어나고 있다. 동네 슈퍼의 주인은 손님을 맞고 물건 파는 일만 하는 것이 아니다. 필요한 물건을 도매시장에서 구매해 와야 하기도 하고, 대리점에 일일이 연락을 하여 물건 주문을 해야 한다. 일단 구매해 온 물건은 일일이 진열해야 하고, 유제품 대리점, 과자 대리점, 주류도매상 등 수많은 거래 대리점을 상대해야 한다.

그뿐이 아니다. 인기 상품을 공급받기 위해서는 인기 없는 상품을 끼워 받아야 한다. 우리 가게에서 필요한 물건은 10개지만, 대부분의 대리점에선 30개들이 한 박스 단위로 물건을 공급한다. 10개를 팔기 위해 20개를 더 받아 자금과 재고 부담을 안게 된다. 많이 받은 물건들은 적재할 공간이 없어 이리저리 쌓아 놓아야 하고, 때로는 제 때 팔지 못해 재고로 쌓여 유통기한을 넘기기도 한다.

우리가 알고 있는 우유 대리점 사태나 전통주 대리점주의 자살 같은 일은 오늘도 여기저기 곳곳에서 벌어지고 있는 일들이다. 제조사의 영업사원을 통한 밀어내기, 대리점에서 소매점으로 이관, 인기품목을 받기 위해선 원치 않는 물건을 받을 수밖에 없는 점포주. 유통기한 지난 제품은 버려지고 해마다 엄청난 사회적 비용을 치르는 악순환이 계속된다.

이런 악순환의 고리를 끊어내는 것은 업종을 바꾼다고 해결될 일이 아니다. '탈을 바꿔 쓴 갑'은 업종을 가리지 않고 줄기차게 출현한다. 동네 슈퍼에 물류 시스템이 필요한 이유가 바로 여기에 있다.

작은 소매점에서 그날그날 필요한 물량을 정확한 시간에 공급받아 깔끔하게 운영하는 시스템을 도입하면 대리점의 횡포나 제조사의 갑질에서 얼마든지 벗어날 수 있다.

일일이 점포주가 물건 사러 돌아다니는 일이 줄어들고, 그 시간에 점포에 신경을 더 쓰게 되니 자연스럽게 점포가 살아나게 되는 것이다. 수시로 드나들어 신경전을 벌이던 영업사원과의 갈등도 저절로 해결되는 것이다. 아신은 이런 시스템을 1990년대 후반부터 연구하고 도입한 국내 도매물류 업체의 선두주자라는 자부심을 갖고 있다.

꼭 아신이 아니어도 도매물류를 취급하는 회사에 일괄적으로 물건을 주문하고, 물류회사가 일괄적으로 상품 공급하게 되면 기존보다 물류비를 50% 이상 절감할 수 있다. 쉽게 이야기하자면 동네 슈퍼도 대형마트와 견줄 수 있을 만큼 신선하고 인기 있는 상품을 저렴하게 구매할 수 있어 가격경쟁력을 높일 수 있다는 말이다.

유통물류 시스템은 상품구매뿐 아니라 점포 운영방식에 대해서도 많은 지원을 해줄 수 있다. 소비자들이 어떤 제품을 선호하는지, 요즘 가장 잘 팔리는 제품은 무엇인지, 상품을 어떻게 진열해야 판매를 늘릴 수 있는지, 지역별로 연령층별로 선호하는 상품들 등 상품 공급은 물론

아신의 도매물류 시스템

마케팅 전반에 대한 토털 솔루션 지원이 가능해진다.

동네슈퍼의 점주들은 그동안 점포를 운영하며 부딪치는 어려움을 혼자 감당할 수밖에 없었지만, 이제는 아신과 같은 전문 경영컨설턴트를 통해 해결할 수 있게 된다는 말이다. 아신으로부터 디지털 피킹 시스템 (Digital Picking Systems)으로 정확하게 공급받고, JIT-무재고 시스템으로 필요한 수량만 진열 판매하며, 콜드체인 시스템을 활용하여 농산물, 축산물 등의 신선 식품까지 공급받을 수 있다. 동네 슈퍼에서 장사하려면 새벽 도매시장을 누비며 물건을 구입해 오던 80년대 스타일에서 완전히 해방될 수 있다.

그뿐만 아니라 통합적으로 상품 관리 노하우까지 전수받을 수 있다. 단순히 물건을 공급해주는 것에서부터, 쌓인 노하우를 바탕으로 대형 유통회사처럼 PB상품을 개발하거나, 할인행사 등 상품 기획을 하여 동네 슈퍼의 경쟁력을 높일 수도 있다. 통합 주문도 가능해서 상온, 저온, 신선, 주류까지 꼭 필요한 품목은 무엇이든 원클릭으로 해결할 수 있는 시스템이 아신의 도매물류 시스템이다.

이제까지의 아신의 노력을 정부에서 인정하여 제30회 상공의 날 은탑산업훈장을 수훈하게 되었다. 또한 2012년 10월 제17회 한국유통대상에서 지식경제부장관상을 받는 쾌거를 가져왔다. 연이어 중소기업청에서 지정한 '나들가게 상품공급 시범사업 지정업체'로 선정이 되었고, 2014년에는 수협바다마트의 상품공급자로 지정되었다.

아신이 걸어온 길이 30년이나 되는 만큼 회사 규모가 작은 것은 아니다. 그러나 나는 이제 또 한 번 새로운 시도를 해 보고자 한다. 아신은 유통물류 시스템에서 대한민국 그 누구에게도 뒤지지 않는 전문성과 노하우를 가진 회사가 되었다. 우리가 쌓아 온 경험과 시스템을 골목 상권에 접합할 수 있다면, 대한민국의 유통물류 산업은 또 한 번 새로운 장을 열 수 있을 것이라 자신한다.

시작은 늘 어렵다. 내가 할 수 있는 것은 내 모든 힘을 다하는 것이다. 계속 침체되어 가는 골목 상권. 동네 주민들의 사랑방 역할을 하는 동네 슈퍼가 다시 활성화되었으면 좋겠다.

아신이 유통물류 시스템을 갖추고 있다고는 하지만 골목 슈퍼를 지원할 수 있는 도매물류가 활성화되려면 아신만의 힘으로는 부족하다.

먼저, 동네 슈퍼가 함께 주문하여 아신이 통합구매를 하게 되면 바잉파워, 즉 구매 파워가 생긴다. 많은 수량을 주문할 수 있어 좋은 상품을 보다 싼 가격에 구매하는 것이 가능하다는 말이다. 구매 단위가 커질수록 더 싼 가격에 구매할 수 있고, 동네 슈퍼가 뭉치기만 한다면 대형마트와 같은 조건, 때로는 더 좋은 조건으로 물건을 구매할 수도 있다.

바잉파워가 커지면 제조업체로부터 상품 할인행사를 지원받을 수 있을 뿐 아니라, 나아가 대형마트들이 자체 상표로 상품을 만들어 판매하듯 동네 슈퍼 또한 자체 PB상품도 만들 수 있다. 소비자는 동네 슈퍼에 슬리퍼만 신고 나가면 작은 백화점을 만나는 것과 다름없는 환경이 되는 것이다.

덧붙여 정부는 소매 점포들이 스스로 경쟁력을 갖출 수 있도록 정책적 뒷받침을 아끼지 말아야 할 것이다. 대형유통회사들도 유통물류 시스템이 없었다면 지금처럼 발전할 수 없었다. 나의 30년 유통 경험을 통해 볼 때, 골목상권의 성공 가능성은 바로 우리 아신과 같은 유통물류 시스템에 있다고 확신한다.

☐ 함께 사는 즐거움

예전 내가 어렸을 때만 해도 한 동네 사람들은 서로의 사정을 잘 알았다. 누구네 집에 무슨 일이 있는지, 굶지는 않는지, 어려운 일은 없는지 살펴보고 도와주곤 했다. 부모 잃은 아이와 자식 없이 홀로 늙는 노인은 동네에서 거둬주기도 했다. 하지만 지금은 옆집에서 사람이 죽어도 알지 못하고 산다. 그만큼 우리가 팍팍하고 메마른 세상에서 살고 있다는 이야기인데, 그건 참 재미없는 일이다. 그래서 나는 되도록 내 주변에 관심을 갖기 위해 노력한다.

내가 나들가게 사업에 관심을 갖는 이유 중 하나도 함께 사는 방법이라 생각하기 때문이다. 나들가게나 골목상권이 살아야 우리나라 풀뿌리 경제가 살고, 풀뿌리 경제가 살아야 우리 사회의 행복지수가 좀 더 높아지고 나 개인의 행복지수도 높아질 수 있다. 나는 혼자 살 수 없다. 더불어 살아야 한다. 사회가 어지럽고 불안하면 나 역시 결코 온전한 행복을 누릴 수 없다.

그렇다면 우리 모두가 좀 더 행복할 수 있는 방법은 무엇일까? 나는 우리가 서로 서로에게 조금 더 관심을 갖는 것이라 생각한다. 가진 사람은 어려운 사람에게, 대기업은 중소기업에게, 건강한 사람은 아픈 사람에게 관심을 갖고 서로 가진 것을 조금씩 나눈다면 우리는 훨씬 행복한 사회에서 살 수 있을 것이다. 그리고 내가 다른 사람의 어려움에 관심을 갖고 도울 때, 다른 사람들 또한 나의 어려움에 관심을 갖고 도와줄 수 있는 것이다. 그렇게 서로 돕고 격려하는 세상에 사는 것이 패자는 더 이상 설 곳 없는 무한경쟁 사회에 사는 것보다 훨씬 더 행복하지 않을까?

가진 것을 나눈다는 것은 개인에겐 소소하고 흐뭇한 행복을 가져다 주기도 한다. 20년 전 쯤의 일이었다. 조간신문을 뒤적이던 중, 한 실업고등학교 학생이 어려운 생활을 하고 있다는 기사가 눈에 들어왔다. 부모도 없이 동생과 얼음장 같은 방에서 살고 있던 그 학생이 경제적 어려움 때문에 더 이상 학업을 계속 할 수 없다는 사연에 가슴 한켠이 먹먹하게 아파왔다.

당시만 해도 실업학교는 경제형편이 어려운 아이들이 많이 진학 했는데, 학업을 계속하기 어려운 학생이 그 학생 하나만은 아닐 것이었다. 어떻게 해야 하나? 당시만 해도 사업이 궤도에 오르지 않아 여러 가지로 어려운 시절이었다.

'어려운 아이들을 다 도와줄 수는 없지만 내 형편에 맞게 몇 명이라도 학업을 계속 할 수 있게 도와준다면 그 아이들에겐 힘이 될 수 있지 않을까?'

그때부터 나는 모 실업 고등학교에 장학금 후원을 하기 시작했다. 가정 형편이 어려워 학업을 계속 할 수 없는 학생들을 위한 후원금이었다. 비록 한 해에 많은 인원은 아니지만 세월이 흘러 후원금을 받은 학생 숫자가 누적되다 보니, 꽤 많은 학생들을 지원할 수 있었다.

그 아이들이 무사히 졸업하고 인사를 올 때면 내 마음은 마치 농부가 열심히 농사지어 추수한 곡식더미를 보는 것처럼 얼마나 뿌듯했는지 모른다. 어려운 환경 속에서도 학교를 졸업한 아이들이 너무나 대견스러웠다.

그래서 후원하던 학교에서 지망하는 학생이 있으면 우리 회사에 입사를 시키기도 했는데, 그렇게 입사한 학생들 중에는 아신의 가족이 되어 10년 넘게 열심히 근무하며 부장직급에 오른 친구들도 있다.

그때 그 보람으로 지금도 이곳저곳 힘닿는 대로 기부 활동을 하고 있는데, 기부의 의미를 함께 느끼고 싶어, 나는 틈나는 대로 직원들에게 작은 기부를 해보라고 권하곤 한다.

한 사람 한 사람으로 보면 작은 금액이지만 모이면 누군가에겐 힘이 될 수 있는 큰돈이 되기도 한다. 그래서 직원들이 기부를 하거나 성금을 낼 때면 우리 회사에선 직원들이 내는 금액만큼을 더 보태 주곤 한다. 예를 들어 직원들이 100만 원의 성금을 모으면 회사에서 100만 원을 더 보태주는 형식이다. 나는 나눔의 시작은 관심이라 생각한다. 관심 또한 나눔인 것이다. 관심을 갖다 보면 내 것을 조금 덜어 낼 수 있고, 그것이 혹여 벼랑 끝에 선 누군가에겐 다시 살아갈 힘이 될 수도 있을 것이다.

아신은 큰 회사는 아니다. 하지만 아신은 유통물류에 있어서는 한국 최고의 전문성을 가진 회사다. 나는 우리가 가진 이 전문성이란 자산을 더 많은 사람들과 나누고 싶다. 그래서 아신의 전문성을 필요하다는 곳이면 어디든지 달려간다. 정부의 정책 간담회는 물론, 때로는 우리 회사가 전문가를 초청하여 포럼을 열기도 한다. 유통물류산업을 조금 더 발전시키고 싶은 바람 때문이다.

모든 것이 하루아침에 바뀌지는 않는다. 하지만 작은 물방울이 바위를 뚫듯, 멈추지 않고 노력할 때, 조금씩 조금씩 바뀔 것이라 믿는다. 작지만 꾸준히 오랫동안 함께 하는 것. 그것이 내가 세상을 살아가는 방식이다.

국내 최강 도매물류 기업을 다짐하며

2014 청마의 해 태백산 등정

2014년 시무식 '불위호성 弗爲胡成-행하지 않으면 어떤 일도 이루어지지 않는다'

ASEEN 아신 (주)아신 / (주)아신유통 / (주)아신S&S

2014년 시무식

"새해 福 많이 받으세요!"   2014. 1. 2 (木)

싱싱한 유통 혈관이 싱싱한 산업을 만든다

이 책은 아신과 나의 30년 기록이자 대한민국 유통 역사의 30년 기록이다. 나는 늘 혁신하고 싶었고, 이 산업분야와 사회에 헌신하고 싶었다. 사람의 몸에서 혈관이 잘 유지되어야 기초체력과 활동성이 좋아지듯이, 유통물류 시스템을 발전시켜야 국가 전체의 산업이 잘 유지되고 발전한다고 생각한다.

아신과 일한 많은 회사들이 그동안 급성장을 거듭하였다. 초기에 적자를 감수하면서도 희망을 가지고 열심히 물류를 함께했지만 같이 고생한 아신에게 돌아온 보상은 미약했다. 물가와 인건비, 유류비 인상은 계속 되었지만 아신에게 일을 맡긴 대형유통사들은 지속적으로 물류비를 인하하거나 물동량을 축소하고, 자체 물류회사를 만들어 운영했다. 이런 힘든 상황 속에서도 유통물류 시스템을 발전시켜왔기 때문에, 골목상권은 다시 살아날 희망이 있다고 믿는다.

골목상권 살리기의 핵심은 상품의 가격경쟁력과 유통물류 시스템에 있다. 물류센터를 아무리 많이 지어도 물류시스템으로 운영되지 못하면 그건 창고나 다름없다. 아신은 누가 와서 보더라도 물류시스템을 보여줄 수 있고, 가르쳐줄 수 있고, 함께 나눌 수 있는 회사이다. 이를 기반으로 물류산업 전체에 더 큰 그림을 그리는 것이 내가 해야 할 일이라고 생각한다.

출혈경쟁으로 인해 쪼그라든 모세혈관이 된 유통물류를 아신의 도매물류 시스템으로 다시 싱싱한 혈관으로 만들고 싶은 소망이 있다. 이는 생산자와 유통업체, 소비자가 다 같이 상생하는 길임을 믿어의심치 않는다. 지난 30년을 그래왔듯이 앞으로 30년도 전문 도매물류 기업으로 우공이산의 심정으로 이 길을 묵묵히 걸어가고자 한다.

김홍규 회장 유통혁신 스토리

아신 스타일,
골목상권을 사로잡다

초판 1쇄 인쇄 2014년 6월 1일
초판 1쇄 발행 2014년 6월 10일

지은이　김홍규

펴낸이　김영애
펴낸곳　도서출판 책찌(출판등록 제406-2010-000052호)
주 소　경기도 파주시 문발리 535-7 세종출판벤처타운 404호
전 화　031-955-1581
팩 스　031-955-1580
전자우편　bookzee@naver.com

ISBN　979-11-85730-00-4 03320